Truman Kapot
USLIŠENE MOLITVE

REČ I MISAO
KNJIGA 524

Urednik
JOVICA AĆIN

S engleskog preveo
VLADA LAZAREVIĆ

TRUMAN KAPOT

# USLIŠENE MOLITVE
*Nedovršeni roman*

IZDAVAČKO PREDUZEĆE „RAD"
BEOGRAD

*Izvornik*

Truman Capote
Answered Prayers : The Unfinished Novel
Copyright © by Truman Capote, 1977

*Više suza je proliveno zbog uslišenih nego zbog neuslišenih molitvi.*
Sveta Tereza

# I
# NEISKVARENA ČUDOVIŠTA

Negde na ovom svetu postoji izuzetan filozof po imenu Flori Rotondo.

Pre neki dan sam naleteo na jedno od njenih razmišljanja štampano u reviji posvećenoj đačkim književnim radovima. Evo ga: *Da mogu da uradim šta god poželim, otišla bih u središte naše planete, Zemlje, i tamo bih tragala za uranijumom, rubinima i zlatom. Tražila bih Neiskvarena Čudovišta. Onda bih se preselila na selo. Flori Rotondo, 8 godina.*

Flori, dušo, tačno znam šta hoćeš da kažeš – čak i ako ti sama ne znaš: kako bi i znala, sa osam godina?

Jer, ja sam stvarno bio u središtu naše planete; u svakom slučaju, pretrpeo sam muke koje jedno takvo putovanje može izazvati. Tragao sam za uranijumom, rubinima, zlatom, i usput posmatrao druge učesnike potrage. I čuj, Flori – upoznao sam Neiskvarena Čudovišta! I Iskvarena, takođe. Ali, *neiskvarena* sorta je *rara avis*: beli tartufi u poređenju sa crnima; gorak, divlji asparagus naspram baštenskog. Jedino što nisam obavio jeste selidba na selo.

Ovo, u stvari, pišem na službenim papirima Y.M.C.A.[1], u Y.M.C.A. prihvatilištu na Menhetnu, gde sam, na drugom spratu, u ćeliji s pogledom na ništa, proveo poslednjih mesec dana.

Više bih voleo da sam na šestom spratu – kako bi, ukoliko odlučim da skočim kroz prozor, takav poduhvat

---

[1] Young Men's Christian Association (Udruženje mladih hrišćana). – (Prim. prev.)

imao smisla. Možda ću promeniti sobu. Uzdići se. A možda i ne. Ja sam kukavica. Ali, moj kukavičluk nije toliki da bih mogao tek tako da razrešavam dileme.

Zovem se Pi Bi Džouns i dvoumim se da li da vam odmah kažem nešto o sebi ili da sačekam i upletem tu informaciju u tekst pripovesti. Mogu vam, isto tako, i ne reći ništa, ili reći tek nešto malo, pošto sebe smatram reporterom koji se bavi ovim temama, a ne učesnikom, bar ne značajnim učesnikom. No, možda je lakše početi od mene.

Kao što rekoh, zovem se Pi Bi Džouns; imam ili trideset pet ili trideset šest godina: razlog za ovu nedoumicu leži u činjenici da niko ne zna kad sam rođen niti ko su mi bili roditelji. Znam samo da sam bio beba ostavljena na balkonu varijetea u Sent Luisu. Ovo se desilo 20. januara 1936. Kaluđerice su me odgajile u crvenom kamenom asketskom sirotištu koje je dominiralo nasipom na Misisipiju.

Pošto sam bio bistar klinac i lepotan, postao sam ljubimac časnih sestara; nikad nisu shvatale koliko sam pretvoran i dvoličan bio, niti koliko sam mrzeo njihovu bezbojnost, njihov miris: tamjan i splačine, sveće i kreozot, beli znoj. Jedna od sestara, Marta, koju sam poprilično voleo, predavala je engleski i bila toliko ubeđena da posedujem literarni dar, da sam i sâm poverovao u to. Napustio sam sirotište, pobegao, nisam joj ostavio poruku, niti sam ikada više komunicirao s njom: tipičan primer moje utrnule, oportunističke naravi.

Stopirao sam, bez jasnog odredišta u glavi, dok me nije pokupio čovek koji je vozio beli kadilak kabriolet. Krupan tip slomljenog nosa i rumenog, pegavog irskog tena. Nije bio neko koga biste okarakterisali kao pedera. Ali bio je peder. Pitao me je kuda sam krenuo, a ja sam samo slegnuo ramenima; interesovalo ga je koliko imam godina – rekao sam mu da imam osamnaest, iako sam bio tri godine mlađi. Iskezio se i rekao: „Pa, ne bih želeo da iskvarim moral jednog maloletnika."

Kao da sam ja imao bilo kakvog morala.

Potom je rekao, svečanim tonom: „Ti si zgodan klinac." Pa, tačno: onizak, sa svojih pet stopa i sedam inča[1] (u stvari, pet stopa i osam), ali čvrste i skladne građe, sa kovrdžavom, smeđeplavom kosom, sa smeđim očima prošaranim zelenim mrljicama i sa dramatično uglastim licem; pogled u ogledalo za mene je oduvek bio iskustvo koje mi donosi samopouzdanje. I tako, uvaljujući mi ga, Ned je pomislio da ima posla sa junferom. Ha, ha! Startovao sam odmalena, sa nekih sedam, osam godina, kad su se na meni smenjivali mnogi stariji dečaci, nekoliko sveštenika, kao i zgodni crni baštovan. U stvari, bio sam neka vrsta šećerna-tabla kurve – nije bilo gotovo ničega što ne bih uradio za sitniš u vrednosti jedne čokolade.

Premda sam nekoliko meseci živeo sa njim, ne mogu se setiti Nedovog prezimena. Ejmes? Bio je glavni maser u velikom hotelu u Majami Biču – u jednom od onih jevrejskih svratišta boje sladoleda i francuskog imena. Ned me je naučio zanatu, pa sam, napustivši ga, zarađivao za život radeći kao maser u jednom lancu hotela u Majami Biču. Imao sam, takođe, dosta privatnih klijenata, muškaraca i žena koje sam masirao i podučavao vežbama za održavanje linije i lica – mada su vežbe za lice obično sranje; jedina koja je efikasna jeste pušenje kurca. Ne šalim se, ništa nije tako dobro za zatezanje viličnog regiona.

Uz moju pomoć, Agnesa Birbaum je do zadivljujućeg stepena poboljšala svoje facijalne konture. Gospođa Birbaum je bila udovica detroitskog zubara, koji se povukao u Fort Lauderdejl, gde je umro od iznenadnog srčanog udara. Nije bila bogata, ali je imala para – a imala je i bolove u leđima. Ušao sam u njen život kako bih ublažio ove probade u kičmi, i ostao u njemu dovoljno dugo da prikupim, putem poklona koji su bili do-

---

[1] Jedna stopa iznosi 30,48 centimetara. Podeljena je na 12 inča (jedan inč – 2,54 cm). – (Prim. prev.)

datak mojoj uobičajenoj tarifi, preko deset hiljada dolara.

E, tada je trebalo da se preselim na selo.

Umesto toga, kupio sam kartu za Grejhaund autobus koji je išao za Njujork. Imao sam jedan kofer, i u njemu vrlo malo stvari – samo donji veš, košulje, pribor za ličnu higijenu i pregršt svezaka sa pesmama i nekoliko kratkih priča. Imao sam osamnaest godina, bio je oktobar, uvek ću se sećati oktobarskog odsjaja na Menhetnu dok mu se autobus približavao, prolazeći kroz smrdljive močvare Nju Džersija. Kao što je, možda, zapisao nekada poštovani, a danas zaboravljeni idol Tomas Vulf: O, kakvo obećanje su čuvali ovi prozori! – hladno i ognjeno u namreškanom sjaju stropoštavajućeg jesenjeg sunca.

Otada sam se zaljubio u mnoge gradove, ali samo bi orgazam u trajanju od jednog sata mogao nadmašiti blaženstvo moje prve godine u Njujorku. Na nesreću, bio sam odlučio da se oženim.

Možda sam kroz suprugu želeo sam grad, sreću koju sam doživljavao tamo, moj osećaj da me slava i bogatstvo ne mogu zaobići. Ali, avaj, ja sam oženio devojčicu. Tu beskrvnu, kao riblji trbuh belu Amazonku, sa kosom vezanom u rep i sa jajolikim očima boje jorgovana. Ona mi je bila koleginica sa Univerziteta Kolumbija, gde sam pohađao kurs kreativnog pisanja koji je držala Marta Fouli, jedna od osnivača-urednika starog časopisa Stori. Kod Helge (da, znam da je Fleneri O' Konor nazvala jednu od svojih junakinja Helgom, ali to ime nisam maznuo od nje: radi se o čistoj koincidenciji) sviđalo mi se to što se nikad nije zamorila od slušanja mojih radova, koje sam joj čitao naglas. Sadržaj većine mojih priča bio je u suprotnosti s mojim karakterom – one su, naime, bile nežne i *setne*; ali, Helga je smatrala da su divne, pa bi se njene velike oči boje jorgovana zadovoljno punile do ivice i iz njih je na kraju svakog čitanja kapalo.

Ubrzo nakon što smo se venčali, otkrio sam da postoji lep razlog za ovo čudesno moronsko spokojstvo njenih očiju. Ona je bila moron. Ili se nalazila užasno blizu moronstva. Siguran sam da nije imala baš sve daske u glavi. Dobra, stara, smisla za humor lišena, glomazna Helga, a s druge strane, tako nežna i izveštačeno čista – prava domaćica. Nije imala pojma šta zapravo osećam prema njoj, sve dok nas za Božić nisu posetili njeni roditelji: par švedskih zveri iz Minesote, mamutski dvojac duplo veći od svoje ćerke. Živeli smo u jednoiposobnom stanu pored brda Morningsajd. Helga je kupila nekakvu Rokfeler-centar jelku: pružala se od poda do tavanice i od zida do zida – ta prokletinja je isisavala kiseonik iz vazduha. A tek gužva koju je Helga napravila, bogatstvo koje je potrošila na to vulvorlsko sranje. Ja, u stvari, mrzim božićne praznike, izvinite na ovoj maloj sentimentalnosti, zbog toga što su oni tokom čitavog mog boravka u sirotištu u Misuriju predstavljali najdepresivnije doba godine. I tako, na Badnje veče, nekoliko minuta pre nego što će Helgini roditelji stići na Božićnu igranku, iznenada sam izgubio kontrolu: rastrgao sam jelku na komade, koje sam, jedan za drugim, pobacao kroz prozor, uz varnice iz osigurača i bljesak rasprskavajućih sijalica – za sve to vreme Helga je podvriskivala poput poluzaklanog praseta. (Pažnja, studenti književnosti! Aliteracija – jeste li je primetili? – to je moj najmanji porok.) Osim toga, rekao sam joj šta mislim o njoj – i njene oči su smesta izgubile svoju idiotsku čistotu.

Ubrzo su se pojavili Mama i Tata, divovi iz Minesote – ovo zvuči kao ime ubistvenog hokejaškog tima, a oni su baš i reagovali na takav način. Jednostavno rečeno, Helgini matori su me nalupali zajedničkim snagama – pre nego što sam se skljokao, polomili su mi pet rebara, rascepkali golenjaču i zacrnili oba oka. A onda su, očigledno, divovi pokupili svoje dete i krenuli kući. Otada je prošlo mnogo godina, a ja se nijednom nisam čuo sa Helgom; ali, koliko ja znam, pravno gledano, nas dvoje smo još uvek zajedno.

Da li vam je poznata fraza „ubistveni peško"? To je posebna vrsta pedera kojem je potreban freon da bi rashladio krvotok. Đagiljev[1], na primer. Džej Edgar Huver[2]. Hadrijan. Nije da želim da ga poredim sa ovim uvaženim personama, ali momak o kojem vam govorim je Tarner Boutrajt-Bouti, kako ga zovu njegovi dvorjani. Gospodin Boutrajt je bio zaposlen kao urednik za književnost ženskog modnog magazina i objavljivao je „kvalitetne" pisce. Zapazio sam ga, bolje rečeno, on je zapazio mene kad je jednom prilikom govorio našoj grupi za kreativno pisanje. Sedeo sam u prvom redu, i bilo mi je jasno, po načinu na koji su njegove hladne, u prepone gledajuće oči, gravitirale ka meni, šta se mota po toj lepoj kovrdžavo-sedoj glavi. No, odlučio sam da mu ne dozvolim da sa mnom prođe jeftino. Posle časa studenti su se okupili oko njega. Izuzev mene; otišao sam, ne sačekavši da se upoznam s njim. Prošlo je mesec dana, tokom kojih sam brusio dve svoje priče koje sam smatrao najboljim: „Preplanulost", koja je govorila o mladićima kurvama iz Majami Biča, i „Poruku", pripovest o poniženjima udovice jednog zubara koja je bila ponizno zaljubljena u masera-tinejdžera.

Sa rukopisima u ruci, svratio sam do gospodina Boutrajta – bez prethodnog zakazivanja razgovora; jednostavno sam ušao u prostorije magazina i zamolio portira da prenese gospodinu Boutrajtu da je jedan od studenata gospođice Fouli došao da ga poseti. Bio sam siguran

---

[1] Sergej Pavlovič Đagiljev (1872–1929), ruski inovator na polju baleta. Revitalizovao je balet, integrišući ga sa drugim umetničkim formama – muzikom, slikarstvom i dramom. Od 1906. živeo je u Parizu, gde je osnovao *Ballets Russes*. Docnije je pravio turneje diljem Evrope i Amerike. Bio je organizator postavke tri baletska remek-dela Igora Stravinskog: *Žar-ptica* (1910), *Petruška* (1911) i *Posvećenje proleća* (1913). Članovi njegove slavne trupe bili su, između ostalih, Ana Pavlova, Vaclav Nižinski i Mišel Fokin.

[2] Džon Edgar Huver (1895–1972) se od 1924. pa sve do svoje smrti nalazio na čelu FBI. – (Prim. prev.)

da će znati o kome se radi. Ali, kad su me konačno dopratili do njegove kancelarije, pretvarao se da me se ne seća. Nisam naseo.

Kancelarija nije delovala neposlovno; ličila je na viktorijansku primaću sobu. Gospodin Boutrajt bio je zavaljen u stolicu za ljuljanje od trske, pored stola koji je, služeći kao pisaći, bio zastrven šalovima sa resama; sa druge strane stola nalazila se još jedna stolica za ljuljanje. Urednik me je uputio ka njoj, upotrebivši pospani gest koji je trebalo da prikrije budnost kobre (na stolici na kojoj je on sedeo, kako ću kasnije otkriti, nalazilo se jastuče sa izvezenim natpisom: MAJKA). Bez obzira na vrelinu tog prolećnog dana, prozorske zavese od teškog somota čija se nijansa, verujem, zove grimiznom, bile su navučene; jedino svetlo dolazilo je od para studentskih stonih lampi, jedne sa tamnocrvenim abažurom, a druge sa zelenim. Zanimljivo mesto, jazbina tog gospodina Boutrajta; bilo je jasno da ga rukovodeći položaj ispunjava osećajem velike nesputanosti.

„Pa, gospodine Džouns?"

Objasnio sam kakvim poslom dolazim, rekao kako sam impresioniran predavanjem koje je održao na Kolumbiji, kao i iskrenošću njegove želje da pomogne mladim autorima, a onda dodao da sam doneo dve kratke priče koje želim da poverim njegovom sudu.

Rekao je, glasom zastrašujućim od ljupkog sarkazma: „A zbog čega ste odlučili da ih poverite lično? To se obično čini poštanskim putem."

Osmehnuo sam se, i moj osmeh bio je ulizički predlog; tako je, zapravo, bio protumačen. „Bojao sam se da ih nikada ne biste pročitali. Nepoznati pisac bez agenta? Mislim da malo takvih priča stiže u vaše ruke."

„Stižu ukoliko su kvalitetne. Moja asistentkinja, gospođa Šo, izuzetno je sposoban i pronicljiv čitalac. Koliko imate godina?"

„Punim dvadeset u avgustu."

„I mislite da ste genije?"

„Ne znam." Ovo je bila neistina; bio sam siguran da sam genije. „Zbog toga sam i došao ovamo. Želeo bih da čujem vaše mišljenje."

„Reći ću vam nešto: ambiciozni ste. Ili je reč o običnom drndanju? Šta ste vi, Ješa?"

Moj odgovor nije mi baš služio na čast; iako sam u popriličnoj meri lišen samosažaljenja (pa, pitam se da li baš tako), nikada se nisam libio da eksploatišem svoju prošlost kako bih igrao na kartu saosećanja. „Možda i jesam. Odrastao sam u sirotištu. Nikada nisam upoznao svoje roditelje."

Ipak, džentlmen me je gurkao kolenom sa preciznošću koja je odavala žudnju. Dao sam mu svoj broj telefona; više nisam siguran da li sam ja uzeo njegov. U to vreme bio sam imun na mehaničke poroke – retko sam pušio i uopšte nisam pio. Ali sada sam, ne tražeći dozvolu, izvadio cigaretu iz kutije od kornjačinog oklopa koja mi je stajala nadomak ruke; dok sam je palio, sve šibice u kutiji su planule. Mala logorska vatra buknula mi je u ruci. Skočio sam sa stolice cvileći i trljajući ruku.

Moj domaćin samo hladno pokaza na kutiju koja je, dogorevajući, ležala na podu. Rekao je: „Pažljivo. Ugasite to. Upropastićete tepih." A potom: „Dođite ovamo. Dajte mi ruku."

Usne mu se razdvojiše. Njegova usta lagano usisaše moj kažiprst, koji je bio najviše oprljen. Gurnuo je prst u dubine svojih usta, skoro ga izvadio, i zatim ga ponovo ugurao – kao lovac koji isisava opasnu tečnost iz rane od zmijskog ujeda. Prestao je i upitao me: „Eto. Je li sada bolje?"

Klackalica se uspravila; desio se transfer energije, ili sam ja bio dovoljno budalast da u to poverujem.

„Mnogo bolje; hvala vam."

„Vrlo dobro", reče on, ustajući kako bi stavio rezu na vrata. „Sada ćemo nastaviti sa terapijom."

Ne, nije bilo baš tako lako. Bouti je bio tvrd momak; da je trebalo, on bi i platio za svoja zadovoljstva, ali nikada ne bi objavio nijednu od mojih priča. O prvim dvema pričama koje sam mu predao rekao je: „Nisu dobre. Obično ne ohrabrujem ljude sa ograničenim talentom kakav je tvoj. To je nešto najokrutnije što čovek može uraditi – da ohrabri neku osobu, podstičući je u uverenju da poseduje dar koji ona u stvari nema. Međutim, ti zaista poseduješ izvestan osećaj za reči. Smisao za karakterizaciju. Možda se nešto i može napraviti od toga. Ako si spreman da rizikuješ, da se kockaš sa propašću sopstvenog života, pomoći ću ti. Ali, ne bih ti preporučio takav potez."

Žalim što ga nisam poslušao. Žalim što se tada nisam odselio na selo. Ali, bilo je prekasno, pošto sam već bio započeo svoje putovanje u unutrašnjost Zemlje.

Ponestaje mi papira. Mislim da ću se istuširati. A posle ću se možda preseliti na šesti sprat.

Preselio sam se na šesti sprat. Međutim, moj prozor se nalazi tačno uz susednu zgradu; čak i kad bih izašao na sims, uspeo bih da dobijem samo čvorugu na glavi. Imamo septembarski talas vrućine, a moja soba je tako mala, tako vrela, da danonoćno moram da držim otvorena vrata, što nije baš srećna okolnost, pošto, kao i u većini Omladinskih hrišćanskih udruženja, zidovi žamore od upapučenih koraka libidonoznih hrišćana; ukoliko vrata ostavite otvorenim, to se često podrazumeva kao poziv. Ne, ja nisam od tih, ne gospodine.

Pre neki dan, kad sam započeo ovaj izveštaj, nisam imao pojma da li ću ga nastaviti ili ne. Međutim, upravo sam se vratio iz drogerije, gde sam pazario kutiju „blekving" olovaka, rezač i pola tuceta debelih svezaka. Ionako nemam ništa pametnije da radim. Osim da tražim posao. Jedino što ne znam kakav posao da tražim – a da to ne bude povratak masaži. Više se ne osećam sposobnim za to. I, da budem pošten, stalno mislim o tome da bih, ukoliko promenim većinu imena, mogao ovo da objavim kao roman. Do đavola, ne mogu ništa da izgubim;

naravno, nekoliko ljudi pokušaće možda da me ubije, ali to smatram uslugom.

Pošto sam mu odneo više od dvadeset priča, Bouti je otkupio jednu. Redigovao ju je do koske i pola stvari napisao sam, ali bar su me štampali. „Pregršt misli o Mortonu" od Pi Bi Džounsa. Radilo se o kaluđerici zaljubljenoj u Crnca baštovana po imenu Morton (u istog onog baštovana koji je bio zaljubljen u mene). Priča je privukla pažnju, tako da je ponovo objavljena u zborniku *Najbolje američke kratke priče*, koji je izašao te godine; i, što je još važnije, zapazila me je Boutijeva prijateljica, proslavljena gospođica Elis Li Lengman.

Bouti je bio vlasnik prostrane stare gradske kuće sa fasadom od mrkog peščara; nalazila se na krajnjem istoku gornjeg dela Osamdesete avenije. Enterijer je predstavljao vernu repliku njegove kancelarije, tamnocrveni-viktorijanski-konjska dlaka melanž: zavese protkane perlama i preparirane sove koje se mršte pod staklenim zvonima. Ovakva vrsta afektacije je danas demode, ali je tih dana bila neverovatno neuobičajena, tako da je Boutijeva gostinska soba bila jedan od najpopularnijih društvenih centara Menhetna.

Tamo sam sreo Žana Koktoa – šetajuće lasersko svetlo sa grančicom *muguet*[1]-a u rupici za dugme; pitao me je da li sam tetoviran, a kada sam rekao da nisam, njegove natprosečno inteligentne oči sevnule su, kliznule na neku drugu stranu. Ditrih i Garbo su često dolazile kod Boutija, ova potonja često u pratnji Sesila Bitona[2],

---

[1] Đurđevak (fr.)
[2] Sir Sesil Biton (1904–1980) – britanski fotograf značajan prvenstveno zbog svojih stilizovanih porteta poznatih ličnosti. Još dvadesetih godina XX veka postao je fotograf *Veniti Fera* i *Voga*, modnih magazina s kojima će i docnije najviše sarađivati. Bio je prvi koji je do kraja insistirao na kompoziciji modne, pa i žurnalističke fotografije. Na njegovim slikama pozadina nije zanemarena na ušrb onoga ko sedi ispred nje. Razvio je glamurozni, ponekad i bizaran stil, sa dekorima od

koga sam sreo kad me je fotografisao za Boutijev magazin. (Dijalog između ovo dvoje koji sam slučajno čuo: Biton: „Najtužnija posledica starenja jeste to što zapažam da se moje genitalije skupljaju." Garbo, nakon setne pauze: „O, kad bih i ja mogla da kažem istu stvar za sebe.")

Uistinu, čovek je kod Boutija sretao veoma mnogo poznatih osoba, umetnice poput Marte Grem[1] i Džipsi Rouz Li[2], nafrakanu sortu prošaranu armijom slikara (Čeličev, Kadmo, Rivers, Vorhol, Rojšenberg), kompozitora (Bernštajn, Koupland, Britn, Barber, Blicštajn, Daj mond, Menoti), i pisaca, koji su bili najbrojniji (Odn, Iservud, Veskot, Majler, Vilijams, Stajron, Porter, i, u nekoliko navrata, kad se nalazio u Njujorku, lolitama

---

papir-mašea i aluminijumske folije. Najveći deo ovih radova sakupljen je u knjigama fotografija *Izgled lepote*, *Persona grata*, i *Imam veliko zadovoljstvo*. Tokom Drugog svetskog rata Biton je služio u Ministarstvu informacija, pokrivajući bitke u Africi i na Dalekom istoku. Ali najefektniji među njegovim ratnim fotografijama jeste ciklus nastao tokom opsade Britanije. Posle rata Biton je nastavio svoj rad, u jednom daleko mirnijem, svedenijem prosedeu. Sarađivao je sa pozorištem, dizajnirajući kostime i scenografiju za postavku *Lepeze Lejdi Vindermer* Oskara Vajlda, kao i kostime za mjuzikl *Moja lepa damo*. Godine 1972. dobio je titulu sera. – (Prim. prev.)

[1] Marta Grem (1894–1991), slavna američka igračica, učitelj i koreograf modernog plesa, zapravo tokom čitave svoje pedesetogodišnje karijere najznačajnija, a i dan-danas, najuticajnija figura američkog modernog plesa.

Kreiranjem svoje slobodne, ponekad „primalne", spazmatične i seksualno otvorene tehnike, dala je modernom plesu dubinu i tako inaugurisala alternativu idiomu modernog baleta. – (Prim. prev.)

[2] Džipsi Rouz Li, pravo ime Rouz Luiz Hovik (1914–1970), američka striptizeta, jedna od prvih koja je u taj poziv unela gracioznost i sofisticiranost. Sa zatvaranjem njujorških varijeteta, 1937, Džipsi Rouz Li, tada velika zvezda, odlazi u Holivud, kako bi se posvetila filmu, uglavnom mjuziklima. Njena autobiografija *Džipsi* bila je predložak istoimenog mjuzikla (1959) i filma (1962). – (Prim. prev.)

opsednuti Fokner, obično smrknut i zvaničan, pod dvostrukim teretom sačinjenim od nesigurne učtivosti i „Džek Denijels" mamurluka). Takođe, i Elis Li Lengman, koju je Bouti smatrao prvom Amerikankom od pera.

Biće da sam se u glavama ovih ljudi, onih koji su još uvek živi, zadržao tek kao usputna uspomena. Ako me se uopšte i sećaju. Naravno, Bouti bi me se sigurno setio, premda ne sa zadovoljstvom. (Mogu tačno da zamislim šta bi rekao: „Pi Bi Džouns? Ta kurva. Ne sumnjam da sad obilazi pijace Marakeša, gde nudi dupe vremešnim arapskim pederima"); ali Boutija više nema, neko portorikansko muvalo ga je nasmrt pretuklo u njegovoj kući od mahagonija, iščupalo mu očne jabučice i ostavilo ih da landaraju, spuštene sve do obraza.

A Elis Li Lengman je umrla prošle godine.

*Njujork Tajms* je objavio nekrolog posvećen njoj na naslovnoj strani, propraćen njenom poznatom fotografijom koju je u Berlinu, 1927, snimio Arnold Gent. Lik žena stvaralaca obično nije podoban za prikazivanje u javnosti. Pogledajte Meri Mekarti! – koju su tako često reklamirali kao Veliku Lepoticu. Elis Li Lengman je, međutim, što se ovog veka tiče, bila labud nad labudovima: rame uz rame sa *Cléo de Mérode*, Markizom de Kaza Mori, Garbo, Barbarom Kašing Pejli, tri sestre Vindam, Dajanom Daf Kuper, Lenom Horn, Ričardom Finokiom (transvestitom koji je sebi nadenuo ime Harlou), Glorijom Ginis, Majom Pliseckajom, Merlin Monro i, konačno, nenadmašnom Kejt Meklaud. Bilo je nekoliko lezbejki intelektualki izuzetne fizičke privlačnosti: Kolet, Gertruda Štajn, Vila Kater, Ajvi Kompton-Barnet, Karson Mekkalers, Džejn Bouls; u jednoj sasvim drugačijoj kategoriji jednostavne, dražesne lepote, Eleonor Klark i Ketrin En Porter zaslužuju reputaciju koju su stekle.

Ali, Elis Li Lengman bila je savršena, bila je dama obeležena androginoznim kvalitetom, onom aurom seksualne ambivalencije koja je, izgleda, zajednički imenitelj osoba čija privlačnost prelazi sve granice – mistikom koja nije samo ženska privilegija, budući da je poseduje Nurejev, da ju je imao Nehru i, u svojim mladićkim godinama, Marlon Brando i Elvis Prisli, baš kao što su je imali Montgomeri Klift i Džems Din.

Kad sam upoznao gospođicu Lengman, koju nikad nisam oslovio na neki drugi način, već je bila zašla u pozne pedesete, ali, i pored toga, izgledala je sablasno neizmenjena u odnosu na davni Gentov portret. Oči autorke *Divljeg asparagusa* i *Pet crnih gitara* imale su boju anatolskih voda, a njena sjajna, srebrnasto plava kosa bila je začešljana oštro naniže, naležući na njenu uzdignutu glavu poput nestvarne kape. Nos joj je bio kao u Pavlovljeve: izražen, blago nepravilan. Bila je bleda, zdravog, kao jabuka belog tena, a kad je govorila, bilo ju je teško razumeti, pošto njen glas, za razliku od većine žena Diksi porekla, nije bio kreštav, niti ubrzan (na Jugu su *otezanju* skloni samo muškarci), već prigušen, poput kontraalt čela, poput glasa plačne golubice.

Te prve noći kod Boutija, rekla je: „Da li biste me otpratili kući? Čujem grmljavinu, a to me plaši."

Nije se plašila grmljavine, niti bilo čega drugog – osim neuzvraćene ljubavi i komercijalnog uspeha. Veliki renome gospođice Lengman izgrađen je na jednom romanu i tri zbirke kratkih priča, koji nisu mnogo kupovani niti čitani izvan akademije i pašnjaka posvećenika. Kao i vrednost dijamanata, njen ugled je zavisio od kontrolisane i ograničene produkcije; s obzirom na okolnosti, ona je postigla kraljevski uspeh, bila je kraljica prevare o piscu zatvorenom u svom prebivalištu, kraljica gungule oko dodeljivanja nagrada i marifetluka prilikom isplaćivanja visokih honorara, kraljica u tom odobravanje-sredstava-za-pomoć-umetnicima sranju. Svi su bili pod obavezom da je obasipaju šuškama na koje nije plaćala porez, uključujući Fordovu fondaciju, Gugenhajmovu fondaciju, Nacionalni institut za umetnost i književnost, Nacionalni umetnički savet, Kongresnu biblioteku i ostale, a gospođica Lengman, poput onih cirkuskih kepeca koji gube izvor prihoda ukoliko porastu inč ili dva, nikad nije bila svesna da bi njen ugled nestao ukoliko bi obična publika počela da je čita i nagrađuje. U međuvremenu je zgrtala dobrotvorne žetone poput krupijea – stekla ih je dovoljno da sebi priušti stan na Park Aveniji, mali, ali pomodan.

Bezbrižno, i jednoj ćerki metodističkog sveštenika primereno detinjstvo u Tenesiju, okončala je urnebesom koji je uključivao boemisanja po Berlinu i Šangaju, kao i u Parizu i Havani, a nakon četiri muža – jedan od njih bio je dvadesetogodišnji lepotan-surfer kojeg je upoznala dok je predavala na Berkliju – gospođica Lengman se sada vratila, bar što se materijalne strane tiče, vrlinama predaka koje je možda bila zagubila, ali ne i izgubila.

Retrospektivno, uz pomoć znanja stečenog otada, mogu da shvatim jedinstvenost stana gospođice Lengman. Svojevremeno sam ga smatrao hladnim i nedovršenim. „Nežni" nameštaj bio je prekriven čistom posteljinom, belom, baš kao i zidovi na kojima nije bilo slika; podovi su bili marljivo izglancani i nepokriveni tepisima. Jedino su bele žardinjere sa masom svežih, zelenih listova narušavale snežnost enterijera; one, i nekoliko potpisanih umetničkih dela, a među njima bogataški strogi „Patrnerov" sto i otmeni set ormana za knjige od ružinog drveta. „Više volim", rekla mi je gospođica Lengman, „da imam dve zaista dobre viljuške umesto tuceta viljušaka koje su samo dobre i ništa više od toga. Zato je u ovim sobama tako malo nameštaja. Mogu živeti samo uz najbolje stvari, ali ne mogu kupiti dovoljno njih. Uostalom, nagomilavanje je strano mojoj prirodi. Dajte mi praznu plažu i zimski dan, takav da je voda veoma mirna. Poludela bih u kući kao što je Boutijeva."

Gospođicu Lengman su u intervjuima obično opisivali kao duhovitog sagovornika; kako žena može biti duhovita ako nema smisla za humor? – a ona ga nije imala, što je bila njena centralna mana i kao osobe i kao umetnice. Ali zato je bila pravi govornik: nemilosrdna u spavaćoj sobi, putnik na zadnjem sedištu auta: „Ne, Bili. Ostani u košulji i ne skidaj čarape, kad sam prvi put videla muškarca, na sebi je imao samo košulju i čarape. Gospodin Bili Lengman. Velečasni Bili. Ima nešto u prizoru muškarca koji je u čarapama i čiji se bili digao i spremna sam Bili uzmi ovaj jastuk i stavi mi ga ispod to je to tako treba dobro je o Bili *dobro* je dobro je kao sa Natašom jednom sam bila sa ruskom lezbejkom Natašom radila je u ruskoj ambasadi u Varšavi i stalno je bila gladna volela je da tamo sakriva trešnju i da je jede o Bili ne mogu ne mogu da izdržim bez toga bez toga i zato dođi ovamo dušo i liži je to je to daj da držim tvog bilija ali Bili zašto nisi veći! da! veći!"

*Zašto?* Zato što sam ja jedna od onih osoba koje, kad urone u seks, zahtevaju ozbiljnu tišinu, muk besprekorne koncentracije. Možda je to zbog mog pubertetskog treninga u ulozi „herši-čokoladica" kurve i stoga što sam dosledno istrajavao u prilagođavanju i onim manje inspirativnim partnerima – bez obzira na razlog, za mene je to bilo primicanje ivici i pad u ponor, celokupna mehanika mora biti propraćena najdubljim fantazijama, opojnim mentalnim bioskopom koji ne trpi ljubavno brbljanje.

Istinu govoreći, ja sam, da tako kažem, retko sa onom osobom sa kojom sam; siguran sam da mnogi od nas, čak većina nas, dele ovo stanje zavisnosti od unutrašnje scenografije, od izmaštanih i upamćenih erotskih fragmenata, senki nebitnih za telo iznad ili ispod nas – od onih slika koje naši umovi prihvataju kad upražnjavamo seks da bi ih, čim životinjske strasti utihnu, odbacili, jer, ma koliko mi bili tolerantni, opaki posmatrač u nama nije blagonaklon prema ovakvim kamejama. „Sad je bolje bolje i bolje Bili daj mi bilija tako oh oh oh dobro je samo lakše lakše i još lakše a sad brže brže udri me jako aj aj *los cojones* daj da ih čujem kako zvone a sad lakše lakše lakše izvaizvaaaadi ga udri jače jače aj aj tata Isuse imaj milosti Isuse Isuse prokleti svemogući bože svrši sa mnom Bili svrši! svrši!" Kako mogu da svršim kad mi dama ne dozvoljava da se koncentrišem na teme provokativnije od njene urličuće, iritirajuće, nediscipilnovane ličnosti? „Daj da ih čujem daj da ih čujem kako zvone": govori velika madmoazel kulturnog sveta, pošto je, ritajući se, okončala jednominutnu sekvencu uzastopnih trijumfa. Ja odoh u kupatilo, ispružih se u hladnoj, praznoj kadi i, predajući se neophodnim mislima (za to vreme je gospođica Lengman, u miru sopstvene privatnosti, oslobođena uzrujanosti koju ispoljava prema okolini, bila obuzeta sopstvenim mislima: sećala se... svog devojaštva? I suviše delotvornih pogleda Velečasnog Bilija? obučenog samo u košulju i čarape? ili medenog, ženstvenog jezika koji ju je lizuckao jednog studenog popodneva? ili Žabara testastog stomaka kojeg je, u nekoj davnoj sicilijanskoj prošlosti, izbičevala na mrtvo ime i izjebala kao svinju?), počeh da masturbiram.

Jedan moj prijatelj koji nije peder, ali je nenaklonjen ženama, rekao mi je: „Jedine žene od kojih imam koristi su gospođa Pesnica i njenih pet kćeri." O gospođi Pesnici može se reći puno toga – higijenski je nastrojena, nikada ne pravi scene, besplatna je, apsolutno lojalna i uvek je pri ruci kad vam je potrebna.

„Hvala ti", reče gospođica Lengman kad sam se vratio. „S obzirom na tvoj uzrast, zadivljujuće je šta sve znaš. Imati toliko samopouzdanja. Mislila sam da primam đaka, ali ispostavilo se da on nema šta da nauči."

Poslednja rečenica je stilski karakteristična – direktna, osećajna, ali i pomalo *teoretska*, literarna. Ipak, uverio sam se koliko je za jednog ambicioznog mladog pisca značajno što je *protégé* Elis Li Lengman i koliko mu ta činjenica može laskati, pa sam se uskoro preselio u stan na Park Aveniji. Kada je čuo za to, Bouti se nije usudio da se usprotivi gospođici Lengman, ali je, svejedno, želeo da pokvari tu stvar, pa joj je telefonirao i rekao: „Elis, ovo ti govorim samo zato što si tu spodobu upoznala u mojoj kući. Osećam se odgovornim. Pazi se! On može sa svima – sa mulama, ljudima, psima, vatrogasnim hidrantima. Baš juče sam dobio besno pismo od Žana (Koktoa). Iz Pariza. Proveo je noć u hotelu „Plaza", zajedno sa našim amigom. Gonoreja, koju je dobio, može mu poslužiti da potkrepi tu tvrdnju. Bog zna od čega sve boluje ta puzava osoba. Najbolje ti je da posetiš svog doktora. I još nešto: taj dečko je lopov. Ukrao je preko pet hiljada dolara krivotvoreći potpis na mojim čekovima. Sutra bih ga mogao poslati u zatvor." Nešto od ovoga je moglo biti istina, ali je sve bilo laž; ali, da li vam je sada jasno šta sam mislio sa onim „ubistveni peško"?

Ali, ništa nije vredelo; gospođica Lengman se ne bi uznemirila čak i da joj je Bouti mogao dokazati da sam prevarant koji je grbavom paru sovjetskih sijamskih blizanaca izvukao i poslednju rublju. Bila je zaljubljena u mene, tako je govorila, i ja sam joj verovao; jedne noći kad joj je glas lelujao i tonuo od previše crnog i belog vina, upitala me je – o, na tako cvileći-usiljenosmeškav i glupo-dirljiv način od kojeg ste dobijali želju da je udarite preko zuba ali možda i da je poljubite – da li je volim; pošto sam potpuno ništavan kad ne lažem, rekao sam joj naravno da te volim. Na sreću, samo jednom u životu sam doživeo užas ljubavi – čućete nešto o tome kad dođe vreme; obećavam. Međutim, vratimo se na tragediju Lengmanove. Da li je – nisam siguran – moguće zavoleti neku osobu ukoliko se vaš početni interes svodi na ličnu korist koju možete imati od nje? Da li motiv unosnosti, i narastajuća krivica povezana sa njim, zaustavljaju progresiju drugih osećaja? Može se raspravljati o argumentu da čak i ljudi vezani iz najčasnijih pobuda najpre bivaju privučeni načelom obostrane eksploatacije – seks, sklonište, umireni ego; ta stvar je, ipak, trivijalna, humana: razlika između nje i istinske *upotrebe* druge osobe, zapravo je razlika između jestivih pečurki i pečurki koje ubijaju: Neiskvarena Čudovišta.

Od gospođice Lengman sam želeo sledeće stvari: njenog agenta, njenog izdavača, njeno ime, na kraju Božanskim Nadahnućem prožete kritike mog dela objavljene u nekom od onih neinspirativnih, ali akademski uticajnih tromesečnika. Ovi ciljevi vremenom su bili postignuti i uvećani do zaslepljujućih razmera. Kao rezultat svojih prestižnih intervencija, Pi Bi Džouns je uskoro postao primalac Gugenhajmove stipendije (3000 $), subvencije od strane Nacionalnog instituta za umetnost i književnost (1000 $) i nagrade izdavača za knjigu kratkih priča (2000 $). Štaviše, gospođica Lengman je preradila ove priče, devet njih, doteravši ih do veličanstvenih finiša, a potom ih recenzirala, *Uslišene molitve i druge priče*, najpre u *Reviji Partizan*, a onda, opet, u *Pregledu knjiga Njujork Tajmsa*. Odluku o naslovu je donela sama; iako nije bilo priče sa imenom „Uslišene molitve", rekla je: „To baš odgovara. Sveta Tereza Avilska primetila je da je 'više suza proliveno zbog uslišenih nego zbog neuslišenih molitvi'. To možda nije precizan citat, ali možemo ga potražiti. Poenta je u temi koja se provlači kroz tvoje delo i koja se, koliko ja mogu da zapazim, tiče ljudi koji streme nekom očajničkom cilju, samo da bi mogli da se trgnu nakon njegovog ispunjenja – potcrtavajući, i ubrzavajući svoje očajanje."

*Uslišene molitve*, sasvim proročki, nisu uslišile nijednu od mojih molitvi. Kad se knjiga pojavila, mnoge ključne figure literarnog aparata smatrale su da je gospođica Lengman preterala u sponzorisanju svog Bejbi Žigola (Boutijev opis; takođe, svima je rekao: „Jadna Elis. *Chéri* i *La Fin de Chéri* spojili su se u jedno!"), i da je čak ispoljila manjak integriteta zapanjujući za tako skrupuloznog umetnika kao što je ona.

Ne mogu da tvrdim da su se moje priče mogle meriti sa Turgenjevljevim i Floberovim, ali svakako su bile i suviše vredne da bi bile ignorisane u potpunosti. Niko ih nije napadao; bilo bi bolje da neko ipak jeste, bilo bi manje bolno od ove sive odbojne praznine koja je izazivala utrnuće i gađenje, kao i žeđ za martinijima koja se javljala već u prepodnevnim časovima. Gospođica Lengman je patila isto koliko i ja – delila je moje razočaranje, tako je govorila, ali se zapravo radilo o njenoj sumnji da su slatke vode njene sopstvene kristalne reputacije ugrožene odvodnim kanalima.

Ne mogu da zaboravim kako je sedela tamo, u svojoj savršeno ukusno nameštenoj gostinskoj sobi, dok su se njene divne oči crvenele od džina i suza, i klimala glavom, klimala glavom, klimala glavom, upijajući svaku reč mojih zlobnih, džinom inspirisanih napada, krivicu koju sam joj pripisivao zbog debakla knjige, moj poraz, moj hladni pakao; klimala, klimala glavom, grizući usne, potiskujući svaki nagoveštaj želje za osvetom, prihvatajući moje reči, jer je bila sigurna u svoj talenat u istoj meri u kojoj sam ja bio bespomoćan i paranoičan zbog sumnjičavosti u pogledu svog i jer je znala da bi jedna njena kratka, istinita rečenica bila smrtonosna – a i stoga što se plašila da, ukoliko bih je napustio, više ne bi bilo novih *cheri*-ja.

Stari Teksašani kažu: Žene su kao zvečarke – poslednje što na njima umire jeste rep.

Neke žene su spremne da podnose svašta zarad jebačine; a gospođica Lengman, tako mi rekoše, bila je entuzijasta, sve dok je nije ubila srčana kap. Baš kao što kaže Kejt Meklaud: „Pravo kresanje vredi koliko i put oko sveta – i to takav put tokom kojeg menjaš prevozna sredstva." A mišljenje Kejt Meklaud, kao što svi znamo, treba poštovati: Hriste, kad bi iz Kejt virilo onoliko kuraca koliko ih je u sebe stavila, izgledala bi kao bodljikavo prase.

Ali, gospođica Lengman, nek joj je pokoj duši, okončala je svoj udeo u priči o Pi Bi Džounsu – u izdanju kuće „Paranoja" u saradnji sa produkcijom „Prijap"; jer Pi Bi je već susretao budućnost. Ime mu je bilo Denhem Fouts-Deni, kako su ga zvali prijatelji, između ostalih Kristofer Iševrud i Gor Vidal, koji su ga posle njegove smrti iskoristili za glavnog junaka u svojim delima, Vidal u priči *Stranice razvratnog žurnala*, a Iševrud u romanu *U poseti*.

Za Denija sam znao mnogo pre nego što je izronio na površinu mog malog zaliva, budući da je bio dobro poznata legenda: Najbolje čuvani dečko na svetu. Kad mu je bilo šesnaest godina, Deni je živeo na Floridi, u gradu siromašnih belaca i radio u pekari svoga oca. Spas – neki bi rekli propast – došao je jednog jutra u debeljušnom obličju milionera koji je vozio nov-novcijat, po narudžbini izrađen „djusenberg" kabriolet iz 1936. Momak je bio kozmetički magnat čije je bogatstvo u velikoj meri zavisilo od proslavljenog losiona za sunčanje; dvaput se ženio, ali je prioritet davao Ganimedima starim od četrnaest do petnaest godina. Kada je video Denija, sigurno je izgledao kao kolekcionar antikvarnog porcelana koji je zalutao u neku prčvarnicu od radnje i otkrio „Majzenov" servis „beli labud": šok! žmarci pohlepe! Kupio je krofne, pozvao Denija da se malo provoza u „djusenbergu", čak mu ponudio mesto za volanom; iste noći, ne vrativši se kući čak ni koliko da promeni donji veš, Deni je bio sto milja daleko, u Majamiju. Mesec dana kasnije njegovi tužni roditelji, koji su očajavali čekajući rezultate pretraživanja po lokalnim močvarama, primili su pismo sa poštanskim žigom Pariza, Francuska. To pismo je postalo prvo poglavlje mnogotomnog albuma: *Sva putovanja našeg sina Denhama Foutsa.*

Paris, Tunis, Berlin, Kapri, Sent Moric, Budimpešta, Beograd, Kap Ferat, Bijaric, Venecija, Atina, Istanbul, Moskva, Maroko, Estoril, London, Bombaj, Kalkuta, London, London, Pariz, Pariz, Pariz – a njegov prvobitni gazda ostavljen je u nedođiji, o, čak tamo na Kapriju, dušo; jer, na Kapriju je Deni pobegao sa sedamdeset godina starim pradedom, inače direktorom „Dač petroleuma", kojem je bio zapao za oko. Ovaj gospodin je izgubio Denija zbog jednog člana kraljevske porodice – princa Pola, kasnije kralja Pola. Princovo godište bilo je mnogo bliže Denijevom, a naklonost su ravnomerno delili među sobom, i to do te mere da su jednom posetili nekog bečkog tatuistu, zatraživši da im obojici istetovira isti znak – mali plavi znamen iznad srca, premda se ne mogu setiti kako je izgledao niti kakvo je bilo njegovo značenje.

Baš kao što se ne mogu setiti ničega u vezi okončavanja afere, osim svađe koja je izbila zbog toga što je Deni šmrkao kokain u baru hotela *Beau Rivage* u Lozani. Ali, do tada je Deni, slično Porfiriju Rubirozi, još jednom rekla-kazala mitu kontinentalnog sveta, stvorio *sine qua non* uspešnog avanturiste: misterija i sveopšta želja da se otkrije njen uzročnik. Doris Djuk i Barbara Haton su, recimo, platile milion dolara da bi otkrile da li su druge dame lagale slaveći taj trgovački artikal kovrdžave kose, Njegovu Ekselenciju dominikanskog ambasadora Porfirija Rubirozu, stenjući zbog masne efikasnosti tog meleskog kurca, tobožnjeg jedanaestoinčnog *cafe-au-lai* viska debelog kao ljudska pesnica (prelje koje su ispredale oba komada, tvrde da je iranski šah jedini ambasadorov takmac u ovoj paradi palamara). Što se tiče dobrog, sada pokojnog princa Ali Kana – koji je bio poštena duša i dobar prijatelj Kejt Meklaud – što se Alija tiče, ona fejdoovski farsična brigada koja je prošla kroz njegove krevetske čaršave u stvari je želela da sazna samo jednu stvar: da li je istina da taj priplodni pastuv može pet puta dnevno po sat vremena, a da uopšte ne svrši? Pretpostavljam da znate odgovor; a ako ga ne znate, on glasi „da" – istočnjački trik – praktično mađioničarski podvig koji se zove *karezza* i čiji dominantni sastojak nije semena izdržljivost, već kontrola slika: dok sisa i jebe, čovek sebi jasno predstavlja običnu smeđu kutiju ili psa koji trči. Naravno, potrebno je neprestano biti napunjen ostrigama i kavijarom i lišiti se obaveza koje bi vas ometale u jelu, hrkanju i koncentrisanju na obične smeđe kutije.

Žene su eksperimentisale sa Denijem: čestita Amerikanka Dejzi Felouz, naslednica imovine „Singera", proizvođača šivaćih mašina, vukla ga je po Egeju ukrcanog na svoju skladnu jahticu „Sestra Ana"; ali, glavni donatori njegovog bankovnog računa u Ženevi i dalje su bili najbogatiji među „dvosmernim" ostarelim taticama – Čilenac u *le tout* Parizu, Arturo Lopez-Vilšo, glavni snabdevač naše planete guanom, fosilizovanim ptičjim govnetom, i Markiz de Kuevas, saputnik Djagiljeva. Ali, 1938, prilikom posete Londonu, Deni je našao svog poslednjeg i trajnog patrona: Pitera Votsona, naslednika margarinskog magnata, koji nije bio samo još jedna bogata kraljica[1], već je – zahvaljujući svom odmerenom, intelektualnom i sarkastičnom stilu – predstavljao jednog od najprivlačnijih muškaraca Engleske. Njegovim novcem je pokrenut i podržavan časopis Sirila Konolija *Horizont*. Krug ljudi oko Votsona je bio užasnut kad je njihov prilično ozbiljni prijatelj, koji je obično pokazivao konvencionalno poštovanje prema prostodušnim mladim mornarima, postao zaluđen ozloglašenim Denijem Foutsom, „plejbojem egzibicionistom", zavisnikom od droge, Amerikancem koji je pričao kao da po ustima prevrće funtu kaše od kukuruza iz Alabame.

Ali, trebalo je iskusiti Denijev stisak oko vrata, bio je to pritisak koji je kod žrtve izazivao osećaj prijatnosti, zamamno blizak poslednjem snu. Deniju je odgovarala samo jedna uloga, uloga Obožavanog, jer nikakvu drugu nije ni upoznao. A opet, izuzimajući njegove sporadične kontakte sa mornarima, i Votson je bio Obožavani, bio je predmet saletanja koji u svom ophođenju prema obožavaocima na momente nadmašuje i De Sada (jednom je Votson namerno krenuo na krstarenje oko pola sveta u društvu mladog, ljubavlju ošamućenog aristokrate kojeg je kaznio ne dopustivši mu nijedan poljubac niti milovanje, iako su noćima spavali u istom tesnom krevetu – tačnije, gospodin Votson je spavao, dok se njegov savršeno pristojni prijatelj raspadao od nesanice i bola u mošnicama).

Naravno, u Votsonu su, kao i kod većine ljudi prožetih crtom sadizma, postojali paralelni mazohistički im-

---
[1] Queen (kraljica) u slengu označava homoseksualca koji se ponaša naglašeno afektirano. – (Prim. prev.)

pulsi; zahvaljujući svom *puttana* instinktu za sramne, neizgovorene klijentove potrebe, Deni je sve predvideo i ponašao se kako treba. Onog trenutka kad se situacija preokrene, najslađe strane poniženja dostupne su samo onome koji ponižava: Votson je voleo Denija okrutnom ljubavlju, jer je Votson bio umetnik koji zna da prepozna delo umetnika superiornijeg od sebe, i taj posao je kao kinin elegantnog *Mr. W*-a doveo do potpuno svesnih koma ljubomore i ljupkog očajanja. Obožavani je čak koristio svoju zavisnost od droge kao sado-romantičnu prednost, pošto je Votson, sve vreme prisiljavan da obezbeđuje novac za podsticanje navike koju je osuđivao, bio ubeđen da samo svojom ljubavlju i pažnjom može spasiti Obožavanog od smrti od heroina. Kad je Obožavani uistinu želeo okretaj zavrtnja, trebalo je samo da priđe svom ormariću sa lekovima.

Očigledno je da je briga za Denija navela Votsona da 1940, na početku nemačkog bombardovanja, uporno traži od njega da napusti London i vrati se u Sjedinjene Države – na tom putu Deni je sebi obezbedio pratilju, Siril Konolijevu ženu, Amerikanku Džin. Ovaj par se nikada više nije sreo – Džin Konoli, obdarena biološkim obiljem, danima se onesvešćivala od posledica vesele vojničko-mornarsko-mornaričke-marihuanom-prepunjene Deni-Džin kros-kantri-udri-brigu-na-veselje Hidžre.

Deni je ratne godine proveo u Kaliforniji, nekoliko njih kao zatvorenik logora za lica koja odbijaju da služe vojsku zbog religioznih ubeđenja; ali još tokom tih prvih kalifornijskih dana upoznao se sa Kristoferom Iservudom, koji je radio u Holivudu kao filmski scenarista. Evo citata iz ranije pomenutog Iservudovog romana koji sam jutros potražio u gradskoj biblioteci, evo kako on opisuje Denija (ili Pola, kako ga on zove): „Kad sam prvi put ugledao Pola, ulazio je u restoran, i sećam se da sam zapazio njegov neobično uspravan hod; činilo se da je bezmalo paralizovan napetošću. Uvek je bio vitak, ali u to vreme bio je dečački mršav, bio je obučen kao tinejdžer, i imao preterano nevino držanje, čime je, izgleda, hteo da nas izazove. Njegovo žućkastomrko odelo, usko u predelu grudi i bez vatelina za ramena, čista bela košulja i obična crna kravata, davali su mu izgled nekoga ko je upravo stigao u grad iz strogo religioznog internata. Njegovo mladalačko oblačenje nije mi se činilo smešnim, jer je išlo uz njegov izgled. Ipak, pošto sam znao da je u kasnim dvadesetim, ova mladolikost je imala pomalo zlokoban efekat, kao nešto što je sačuvano na neki neobjašnjivi način."

Sedam godina kasnije, kad sam se preselio u *Rue du Bac* 33, što je bila adresa pariskog Left-Bank stana Pitera Votsona, Denham Fouts koga sam sreo tamo, premda bleđi od svoje omiljene opijum-lule od slonovače, nije mnogo promenio od onda kad je bio prijatelj Her Isiva: još uvek je izgledao ranjivo mlad, kao da je mladost bila hemijski rastvor u kojem je Fouts trajno zatvoren.

Kako se, u stvari, Pi Bi Džouns našao u Parizu, kao gost u sumraku visokih plafona koji je vladao u tim meandrirajućim sobama sa spuštenim kapcima?

\*

Molim vas, samo momenat: idem dole da se istuširam. Već sedmi dan kako je temperatura na Menhetnu viša od devedeset stepeni.[1]

Neki od hrišćanskih satira našeg prebivališta tuširaju se toliko često i tamo se zadržavaju tako dugo da izgledaju poput „Kjupi" lutaka potopljenih u vodu; ali mladi su i, generalno govoreći, dobro građeni. Međutim, od svih ovih seksualnih manijaka – higijeničara, i nemilosrdnih škrip-škrip lovaca-proganjača, najopsednutiji je stari momak čiji je nadimak Gams. Hramlje, slep je na levo oko, sluzava rana istrajava u uglu njegovih usana, ožiljci od preležanih boginja prekrivaju njegovo lice poput nekog satanskog, zaraznog tatua. Baš sada je rukom okrznuo moju butinu, a ja sam se pravio da to ne

---

[1] 32 stepena Celzijusa. – (Prim. prev.)

primećujem; dodir je, ipak, izazvao, iritaciju, kao da su njegovi prsti stabljike koprive.

Nekoliko meseci nakon izlaska *Uslišenih molitvi* dobio sam kratku poruku: „Dragi gospodine Džouns, vaše priče su sjajne. Baš kao i portet koji je uradio Sesil Biton. Molim vas, dođite ovamo i budite moj gost. U pismu se nalazi i rezervacija za kabinu prve klase na 'Kraljici Elizabeti', linija Njujork–Avr, dan isplovljavanja 24. april. Ako vam je potrebna preporuka, raspitajte se kod Bitona: on je stari poznanik. Iskreno, Dehnam Fouts."

Kao što rekoh, čuo sam dosta toga o gospodinu Foutsu – dovoljno da bih shvatio da ono što je stimulisalo njegovo odvažno pismo nije bio moj literarni stil, već moja fotografija koju je Biton snimio za Boutijev magazin, i koju sam stavio na omot moje knjige. Kasnije, kad sam upoznao Denija, shvatio sam šta ga je na tom licu istraumiralo do te mere da je bio spreman na rizik upućivanja poziva propraćen gostoprimstvom koje on nije mogao finansirati – *nije mogao* zbog toga što ga je Piter Votson, kome je već bilo dosta svega, napustio, tako da je živeo u Votsonovom pariskom stanu kao skvoter, preživljavajući od milostinje raznoraznih lojalnih prijatelja i starih poluucenjenih udvarača. Fotografija je gradila potpuno pogrešnu predstavu o meni – kristalni mladić, prostodušan, neiskvaren, rosan, iskričav poput aprilske kišne kapi. Ho ho ho.

Nije mi padalo na pamet da ne odem tamo; niti mi je palo na pamet da o svom odlasku obavestim Elis Li Lengman – vratila se od zubara i otkrila da sam se spakovao i nestao. Ni sa kim se nisam pozdravio, jednostavno sam otišao; ja sam tipičan pripadnik jednog inače nimalo retkog soja ljudi – neko ko vam može biti najbolji prijatelj, drugar sa kojim ste razgovarali svakog dana, pa ipak, ako jednog dana propustite da se javite, ako *vi* ne uspete da telefonirate *meni*, to je kraj, više nikad nećemo razgovarati, jer *ja* nikad neću telefonirati *vama*.

Poznavao sam gmazove takve vrste i nikako nisam mogao da ih razumem, iako sam i sam jedan od njih, da, jednostavno sam otišao: brod je isplovio u ponoć, srce mi je lupalo glasno poput gonga, poput vike promuklih odžačara. Sećam se da sam posmatrao ponoćni sjaj Menhetna kako treperi i tamni u drhturavom snopu konfeta – svetlost koju neću videti dvanaest godina. I sećam se da sam u lelujavom spuštanju ka svojoj kabini turističke klase (zamenio sam je za mesto u prvoj klasi i razliku stavio u džep) iščašio vrat. Šteta što ga nisam slomio.

Kad pomislim na Pariz, čini mi se da je romantičan koliko i začepljeni *pissoir*, i da je primamljiv koliko i zadavljeno golo telo koje pluta Senom. Sećanja na njega su bistra i plava, poput prizora koji na automobilskoj šoferšajbni iskrsnu nakon prolaska brisača; vidim sebe kako preskačem bare, pošto je uvek zima i uvek pada kiša, ili vidim sebe kako sedim sam i na brzinu listam *Tajm* na pustoj terasi *Deux Magota*, jer je, takođe, uvek avgustovsko nedeljno popodne. Vidim sebe kako šetam nezagrejanim hotelskim sobama, iskrivljenim i zatalasanim od pernod-mamurluka. Kroz grad, preko mostova, šetnja kroz samotni, vitrinama načičkan hodnik koji spaja dva ulaza u hotel „Ric", sedenje u „Ricovom" baru i čekanje neke imućne američke face, grebanje za piće, potom *Boeuf-sur-le Toit i Brasserie Lipp*, koji, do jutra, izlaze zajedno sa znojem u nekom kurvama i pohotnim crnčugama krcatom bircuzu koji se plavi od plavog „goloaza"; a onda ponovno buđenje u nagnutoj sobi koja zastranjuje sa veselošću očne jabučice leša. Priznajem, nisam živeo životom prosečnog Francuza, premda čak ni Francuzi ne podnose Francusku. Ili, tačnije rečeno, oni obožavaju svoju zemlju, ali preziru svoje sunarodnike – nesposobni, kakvi već jesu, da oproste jedni drugima zajedničke grehove: sumnjičavost, tvrdičluk, zavist, podlost svake vrste. Kad čovek počne da se gnuša nekog mesta, teško mu je da se seti da li je prema njemu ikada gajio neki drugi osećaj. Ipak, jedno kratko

vreme imao sam drugačije mišljenje. Video sam Pariz onako kako je Deni želeo da ga vidim, i kako je i sam želeo da ga vidi.

(Elis Li Lengman je imala nekoliko sestričina, i jednom je najstarija od njih, mlada devojka sa sela koja se zvala Dejzi i koja nikad nije napustila Tenesi, posetila Njujork. Zaječao sam kad se pojavila; znao sam da se privremeno moram iseliti iz stana gospođice Lengman; što je još gore, morao sam vozikati Dejzi kroz grad, pokazivati joj „Roketis", vrh Empajr stejt bildinga, feribot za Stejten ajland, hraniti je Nejtanovim hot dogovima, pasuljem iz automata i ostalim đubretom. Sada se toga sećam sa sirovom ironijom; ona, ta Dejzi, odlično se provodila, a ja još bolje, pošto sam se osećao kao da sam se uspentrao u unutrašnjost njene glave i da sa vrha te devičanske opservatorije posmatram i isprobavam sve što se može posmatrati i isprobati. „O", reče Dejzi u Rumpelmajerovom restoranu, zagrabivši kašikom iz čhnije sa sladoledom od pistaća, „ovo je izvanredno"; „O", reče Dejzi, pošto smo se pridružili brodvejskoj gomili koja je podsticala samoubicu da se baci sa simsa nekog prozora u starom Roksiju, „o, ovo je stvarno izvanredno.")

Ja, ja sam bio Dejzi u Parizu. Nisam znao francuski, a ne bih ga ni naučio da nije bio Denija. Terao me je da učim odbijajući da govori na bilo kojem drugom jeziku. Osim ukoliko nismo bili u krevetu; dozvolite, ipak, da vam objasnim ovo, iako je želeo da delimo krevet, njegova zainteresovanost za mene bila je romantična, ali ne i seksualna; tako se odnosio i prema svima ostalima; rekao mi je da već dve godine u njegovom životu nije bilo ničeg konkretnog, pošto su ga opijum i kokain kastrirali. Često smo odlazili na popodnevne bioskopske projekcije na *Champs Elysées* i on se polagano preznojavao, sve dok u jednom trenutku ne bi otišao u muški WC, kako bi uzeo svoju dozu droge; uveče bi šmrkao opijum ili bi pijuckao čaj od opijuma, specijalitet koji je spravljao kuvanjem komadića opijuma koji su se bili nakupili u njegovoj luli. Ali, nije bio padavičar; nikada ga nisam video omamljenog ili bolesnog od droge. Dešavalo se da se pred kraj noći, dok se svetlost probija kroz navučene zavese spavaće sobe, Deni malo izgubi i ode u karambol neke bujne, neprozirne eksplozije. „Reci mi, dečko, da li si ikada čuo za crnčuge-pederčići-i-košer kafe oca Flanegana. Zvuči ti poznato? Možeš se kladiti u svoja jaja da je tako. Čak i ako nikad nisi čuo za to mesto i ako misliš da se radi o nekakvoj *after-hour* rupi u Harlemu, čak i ako je tako, ono ti je opet poznato po *nekakvom* ugledu, i ti, naravno, znaš gde je i kakvo je. Proveo sam, bilo je to davno, godinu dana meditirajući u jednom kalifornijskom manastiru. Pod super-supervizijom Njegove Svetosti gospodina Džeralda Herda. Tražeći tu... Značajnu stvar. Tu... Dobru stvar. Zaista sam pokušavao. Nikada nijedan čovek nije bio ogoljeniji od mene. Rano u krevet i rano iz kreveta, i molitva, molitva, ništa cirka, ništa pljuge, čak ga ni jednom nisam izdrkao. I sve što je izašlo iz te trule torture bio je... crnčuge-pederčići-i-košer-kafe oca Flanegana. Eno ga: na kraju puta, tamo gde te izbace. Odmah iza gradskog đubrišta. Pazi kud hodaš: da ne staneš na smrskanu glavu. Sad kucaj. Kuc kuc. Glas oca Flanegana: „Ko te poslo'?" Hriste, Hriste bože, ti tupavi Irče. Unutra...je...veoma...opušteno. Jer u toj gomili nema pobednika. Sve te ljudske ruine, naročito one trbušaste bebice sa pozamašnim računima u „Kredit Svis" banci. Zato možeš povaditi šnale iz kose, Pepeljugo. I priznati da ovde imamo raspad. Kakvo olakšanje! Odigram partiju karata, naručim „Kolu" i vrtim se po podijumu sa starim prijateljem, recimo sa onim tiptop dvanaestogodišnjim momčićem iz Holivuda koji je izvukao izviđački nož i uzeo moj veoma divni, ovalni „kartije" sat. Crnčuge-pederčići-i-košer kafe! Hladno zelen, miran poput groba, pravo dno! Zato se i drogiram: razmišljanje na suvo nije dovoljno da me odvede tamo, da me zadrži tamo, skrivenog i srećnog sa ocem Flaneganom i hiljadama njegovih Izgnanika, sa njim i svim ostalim

Ješama, Crnčugama, Hispanosima, pederčinama, lezbosima, narkosima i komunjarama. Srećnog što sam tamo gde pripadam: Jasah, masuh! Jedino što je cena previsoka, jer ja se ubijam." Potom, napuštajući opušteni vedro-komični ton: „Znaš, stvarno je tako. Ali kad sam sreo tebe, moja razmišljanja su se promenila. Ne bih se bunio protiv života. Ukoliko bi ti živeo sa mnom, Džounsi. To uključuje rizik da ću biti izlečen; a to je zaista rizik. Jednom sam to uradio. U klinici u Viviju; i svake noći su se planine obrušavale na mene, i svakog jutra sam želeo da se udavim u Lak-Lemanu. Ali, ako bih ja to uradio, da li bi i ti? Mogli bismo se vratiti u Ameriku i kupiti benzinsku pumpu. Negde u Arizoni. Ili u Nevadi. Poslednja Šansa za Benzin. Bilo bi zaista mirno, mogao bi da pišeš. U osnovi, ja sam prilično zdrav. A i dobro kuvam."

Deni me je nudio drogama, a ja sam odbijao da ih uzmem, on nikada nije insistirao, iako je jednom rekao: „Plašiš se?" Da, ali droga nije bila razlog; ono što me je plašilo bio je Denijev nehatan život koji nisam želeo da imitiram. Čudno je da se toga sećam, ali sačuvao sam veru: Sebe sam smatrao ozbiljno nadarenim ozbiljnim mladim čovekom, a ne oportunim lezilebovićem, krivotvoriteljem emocija koji je obučavao gospođicu Lengman sve dok nije isposlovala Gugenhajma. Znao sam da sam podlac, ali opraštao sam sebi, jer, na kraju krajeva, rođen sam kao podlac – talentovani podlac čija je jedina obaveza da se svojim talentom služi. Uprkos noćnim preobražajima, žgaravicama od brendija i vinskih uskislosti u stomaku, svakog dana sam uspevao da izguram pet ili šest stranica romana; ne smete dozvoliti da vas išta ometa u pisanju, a Deni je u tom smislu bio jedna zloslutna prisutnost, jedan težak saputnik – osećao sam da ću, ukoliko ga se ne oslobodim, morati da ga nosim na krkači do kraja života, kao što je Sinbad nosio onog tegobnog Starca. Ipak, voleo sam ga, ili, u najmanju ruku, nisam želeo da ga napustim sve dok je narkotizovan do stepena u kojem ne može da se kontroliše.

I tako, rekao sam mu da krene na lečenje. Ali sam dodao: „Hajde da ništa ne obećavamo jedan drugome. Kasnije ćeš možda želeti da se baciš na podnožje krsta ili ćeš završiti ribajući noćne posude doktora Švajcera. Ukoliko to nije moja sudbina." Kako sam tih blaženih dana bio optimističan! – posledice od ujeda ce-ce-muve i struganje noćnih posuda jezikom bile bi slatka nirvana u poređenju sa mukama koje ću pretrpeti.

Odlučeno je da Deni sam otputuje u kliniku u Viviju. Oprostili smo se na *Gare de Lyon*-u; bio je pomalo urađen, bio je na ko zna čemu, i izgledao, sa svojim licem svežeg tena – sa licem ljutitog, osvetoljubivog anđela – kao da ima dvadeset godina. Njegove štekćuće replike kretale su se u rasponu od benzinskih pumpi do činjenice da je jednom prilikom posetio Tibet. Na kraju je Deni rekao, „Ako nešto krene naopako, molim te, postupi na sledeći način: uništi sve što je moje. Spali svu moju odeću. I sva moja pisma. Ne bih voleo da Piteru prepustim to zadovoljstvo."

Složili smo se da ne komuniciramo dok Deni ne napusti kliniku; verovatno bismo se potom našli i zajedno otišli na odmor u jedan od onih primorskih gradića blizu Napulja – u Pozitano ili Ravelo.

Kako nisam imao nameru da idem tamo i kako nisam nameravao da se ponovo vidim s Denijem, osim ukoliko ne bi bio posredi neki neizbežni susret, izašao sam iz stana u *rue du Bac* i preselio se u malu sobu pod nadstrešnicom hotela „Pont rojal". U to vreme u podrumu „Pont rojala" nalazio se mali bar obložen imitacijom kože koji je bio omiljena pomijara otmenih zadriglih boema. Sartr, buljook, lulosisajući, sa pašteta-tenom, i njegova ljubavnica sa izgledom usedelice, De Bovoar, obično su podupirali ćošak kao napušteni par trbuhozborčevih lutaka. Često sam tamo viđao i Kestlera, nikada treznog; bio je agresivni prcoljak veoma nesputanih pesnica. A Kami – poput trske, snebivljiv do krajnjih granica, čovek sa razbarušenom smeđom kosom, očima natopljenim životom i uznemirenim izrazom večitog slušača:

pristupačna osoba. Znao sam da je urednik u „Galimaru", i jednog popodneva sam mu se predstavio kao američki pisac koji je objavio knjigu kratkih priča – da li bi on želeo da je pročita i da porazmisli o mogućnosti da „Galimar" štampa prevod? Kasnije mi je Kami vratio kopiju rukopisa koju sam mu poslao, pridodavši i pismesce u kojem me obaveštava da je njegovo znanje engleskog jezika nedovoljno za donošenje čak i uzgrednog suda, ali da ima osećaj da umem da stvorim i lik i napetu situaciju. „Međutim, nalazim da su ove priče i suviše iseckane i stoga nerealizovane. Ali, ukoliko imate još materijala, molim vas da mi ga pošaljete na uvid." Kad god sam nakon toga sreo Kamija u „Pont rojalu", uključujući tu i jedan susret na „Galimarovoj" baštenskoj zabavi na koju sam ušao kao padobranac, uvek je klimao glavom i slao mi osmehe ohrabrenja.

Još jedna mušterija ovog bara, koju sam tamo sreo i koja se pokazala kao dovoljno draga osoba, bila je vikontesa Mari Laura de Noaj, cenjena pesnikinja, salonistkinja koja je predsedavala izvesnom gostinskom sobom gde se očekivalo da se ektoplazmatična prisustva Prusta i Renalda Hana svakog trenutka materijalizuju, ekscentrična supruga bogatog marseljskog aristokrate opsednutog sportom i srdačna prijateljica savremenih ilijena Sorela[1] od kojih se, možda i nije razlikovala: i, da budem precizan, automat koji me je snabdevao novčićima. *Mais alors* – još jedan mladi američki avanturista, Ned Rorem, praznio je tu džek-pot mašinu. Uprkos njenim nedostacima – zbrčkanog podvaljka, usana natečenih kao od ujeda pčele, i frizure koja je bila razdeljena po sredini i koja je na sablastan način kopirala Lotrekov portret Oskara Vajlda – videlo se šta je Rorem video u Mari Lauri (elegantan krov nad glavom i nekoga ko će izbaciti njegove melodije u muzičku stratosferu Francuske), što se nije moglo reći za naklonost u suprotnom smeru. Rorem je

---

[1] Žilijen Sorel je glavni junak Stendalovog romana *Crveno i crno*, objavljenog 1830. – (Prim. prev.)

bio sa srednjeg zapada, kvekerski peder – drugim rečima, pederski kveker – netolerantna kombinacija sumporasto oporog ponašanja i samoproklamovane pobožnosti. Onako preplanuo, opaljen suncem, smatrao je sebe Alkibijadovom reinkarnacijom, i bilo je puno onih koji su sledili ovaj njegov stav, iako ja nisam delio njihovo mišljenje. Kao prvo, njegova lobanja je imala kriminalan oblik: potiljak mu je bio ravan, kao u Dilindžera; a njegovo lice, glatko, slatko poput testa za kolače, bilo je loša mešavina slabosti i samovolje. Međutim, nije bilo pošteno od mene što zavidim Roremu, a zaveo sam mu na njegovom obrazovanju, na osiguranoj reputaciji perspektivnog mladog momka, koja je daleko prevazilazila moju, kao i na njegovim nenadmašnim uspesima u odigravanju Živog Dildoa za potrebe Starih Koža, kako mi žigoloi zovemo svoje ženske čekovne kartice. Ako vas ova tema interesuje, možete pročitati Nedovu ispovest – *Pariski dnevnik*: dobro je napisana i okrutna u meri koja je dostupna isključivo odmetnutim kvekerima sklonim istini. Pitam se šta li je Mari Laura pomislila kad je pročitala tu knjigu. Naravno, ona se oporavila i od ozbiljnijih bolova nego što su oni koji mogu biti izazvani Nedovim balavačkim otkrovenjima. Njen poslednji drugar, ili bar poslednji za kojeg ja znam, bio je kosmati bugarski slikar koji se ubio tako što je presekao ručni zglob, nakon čega je, koristeći prekinutu arteriju kao paletu, pokrio dva zida smelim potezima četke, načinivši tako tamnocrveni apstraktni mural.

U stvari, zahvaljujući „Pont rojal" baru stekao sam mnoga poznanstva, uključujući prvog američkog iseljenika, gospođicu Natali Barni, naslednicu nezavisnog duha i morala, nastanjenu u Parizu više od šezdeset godina.

Tokom svih ovih dekada gospođica Barni živela je u istom stanu, nizu iznenađujućih soba nedaleko od dvorišta u *Rue de l'Université*. Prozori i svetlarnici od bojenog stakla – posveta art nuvou koja je dobrog starog Boutija mogla dovesti u stanje krajnjeg delirijuma: „Lalikove" lampe oblikovane poput buketa mlečno belih ruža, srednjovekovni stolovi pretrpani fotografijama prijatelja u ramovima od zlata i kornjačinog oklopa: Apoliner, Prust, Žid, Pikaso, Kokto, Radige, Kolet, Sara Bernar, Stejn i Toklas, Stravinski, kraljice Španije i Belgije, Nađa Bulanže, Garbo, priljubljena uz svog starog pajtosa Mersedes D' Akostu, i Džuna Barns, poslednji riđokosi slatkiš sa usnama boje crvenog bibera koju je teško povezati s mrzovoljnim autorom *Noćne šume* (i docnije, sa pustinjak-heroionom Páčin Plejsa). Bez obzira na njenu kalendarsku starost, a ona je, mora biti, iznosila osamdeset i više godina, gospođica Barni, obično odevena u muške stvari od sivog flanela, izgledala je kao večita pedesetogodišnjakinja s kosom boje bisera. Uživala je u vožnji automobilom i vozila se u smarag dnom „bugatiju" platnenog krova – po Bou ili do Versaja, na prijatna popodneva. Pokatkad bih i ja bio pozvan, pošto je gospođica Barni uživala da drži predavanja, a smatrala je da ja imam da naučim puno toga.

Jednom prilikom je bio prisutan još jedan gost, udovica gospođice Stejn. Udovica je želela da poseti jednu italijansku bakalnicu gde su se, kako je rekla, mogla kupiti jedinstveni beli tartufi ubrani na brdima pored Torina. Radnja se nalazila u daljem komšiluku. Dok su joj se naša kola približavala, udovica odjednom zapita: „Ali, nismo li blizu Romaninog ateljea?" Poslavši mi uznemirujuće spekulativan pogled, gospođica Barni odgovori: „Hoćemo li da svratimo tamo? Imam ključ."

Udovica, brkati pauk koji opipava učinak svog predloga, protrlja ruke u crnim rukavicama i reče: „Au, mora da je prošlo trideset godina!"

Nakon uspinjanja uz šest kamenih stepeništa turobne zgrade prezasićene mačjim urinom, tom persijskom (i rimskom) kolonjskom vodom, stigosmo u Romanin atelje – ko god da je ta Romana bila; nijedna od mojih kompanjonki nije mi ništa govorila o njihovoj prijateljici, ali sam osećao da ta prijateljica nije baš maloletna, kao i da je studio održavala gospođica Barni kao neku vrstu zapuštenog svetilišta-muzeja. Vlažna popodnevna svetlost, koja je priticala kroz garavo-sive svetlarnike, mešala se s ogromnim predmetima u sobi: prekrivenim stolicama, klavirom na kojem je bio španski šal, španskim kandelabrom sa delimično dogorelim svećama. Kad je gospođica Barni kvrcnula prekidač za svetlo, ništa se nije desilo.

„Riknulo", reče, nenadanim akcentom američke prerije, upali kandelabr i ponese ga sa sobom kako bi nas provela kroz sobu i pokazala slike Roman Bruks. Bilo ih je možda sedamdeset i sve su bile portreti ravnog i ultrarealističnog stila; na njima su se nalazile žene, sve identično odevene, u belim kravatama i frakovima. Znate li kad znate da nikada nećete zaboraviti nešto? Nikad nisam zaboravio ovaj trenutak, ovu sobu, ovaj poredak mačo-cica, koje su sve, sudeći po frizurama i šminki, bile naslikane između 1917. i 1930.

„Violet", primeti udovica nakon što je prostudirala portret mršave kratko ošišane plavuše sa monoklom koji je uvećavao njeno ledolomno oko. „Gertruda ju je volela. Ali meni je izgledala kao okrutna devojka. Sećam se da je imala sovu. Držala ju je u kavezu tako malom da ova nije mogla da se pomeri. Jednostavno je sedela unutra. Sa perjem koje je izbijalo između žica. Da li je Violet živa?"

Gospođica Barni klimu glavom. „Ima kuću u Fisolu. Izgleda zdrava kao dren. Rekli su mi da ide na Nihansov tretman."

Na kraju smo došli do lika u kojem sam prepoznao udovičin oplakani par – ovde naslikan sa čašicom konjaka u levoj ruci i „čirut" cigarom, nimalo nalik na smeđi, majka-priroda monolit koji je nam je utrapio Pikaso, već pre na personu tipa Dajamond Džim Bredija[1] – puvalo sa velikim stomakom, što čoveku izgleda nekako bliže istini. „Roman", reče udovica, gladeći svoje krhke brkove,

---

[1] Dajamond Džim Bredi (Diamond Jim Brady; 1856–1917), američki finansijski magnat i filantrop, poznat po svom rasipništvu, sklonosti ka raskošnom nakitu i natprosečnom apetitu. – (Prim. prev.)

„Roman je posedovala izvesnu tehniku. Ali ona *nije* umetnik."

Gospođica Barni nije mogla da se složi. „Roman", objavi ona tonom hladnim poput alpskih visoravni, „je pomalo pomalo ograničena. *Ali*. Roman je veoma velika umetnica!"

Gospođica Barni mi je omogućila da posetim Kolet, koju sam želeo da sretnem, ne zbog mojih uobičajenih oportunističkih razloga, već zato što me je Bouti bio upoznao sa njenim delom (stalno imajte na umu da sam, intelektualno gledano, ja autostoper koji stiče svoje obrazovanje po autoputevima i pod mostovima) i zato što sam je cenio: *Kuća moje majke* je majstorsko delo, bez premca po umešnosti poigravanja sa čulnošću – sa ukusom, mirisom, dodirom, pogledom.

Bio sam, takođe, radoznao u pogledu ove žene; činilo mi se da neko ko živi tako potpunim životom, neko ko je inteligentan kao ona, mora imati odgovore na nekoliko pitanja. Zato sam bio zahvalan gospođici Barni što mi je omogućila da popijem čaj sa Kolet u njenom apartmanu u „Palas rojalu". „Ali", upozorila me je gospođica Barni preko telefona, „nemojte je zamarati ostajući dugo; bolesna je cele zime."

Zaista, Kolet me je primila u svojoj spavaćoj sobi – posađena u zlatni krevet a la Luj Kvatorče u svom jutarnjem primanju podanika; ona je, inače, izgledala indisponirano koliko i Tutsi išaran bojama koji vodi plemenski ples. Njena *maquillage*[1] bila je odgovarajuća za taj posao: izvrnute oči, svetle poput očiju vajmaranera[2], oivičene tamnom maskarom; mršavo i bistro lice napuderisano do klovnovskog bledila; njene usne, uzevši u obzir njene poprilične godine, bile su glatke, sjajne, uzbuđujuće crvene kao u horistkinje; a kosa joj je bila crvena, ili crvenkasta, sa ružičastom nijansom, poteklom od nekog uvrnutog spreja. Soba je mirisala na njen par-

---
[1] Šminka (fr.) – (Prim. prev.)
[2] Vrsta psa – (Prim. prev.)

fem (u jednom trenutku upitao sam je čime se namirisala, a Kolet je rekla: „'Džikijem'. Carica Eugenija[1] ga je stalno koristila. Volim taj parfem zbog njegovog staromodnog mirisa i elegantne istorije, i zato što je duhovit bez imalo neotesanosti – kao dobri govornici. Prust ga je koristio. Bar tako mi je rekao Kokto. Ali, opet, on nije *naročito* pouzdan".), na parfem, na činije sa voćem i junski povetarac koji je micao zavese od gabardena.

Sluškinja je donela čaj, postavila poslužavnik na krevet koji je već bio prenatrpan zaspalim mačkama i korespodencijom, knjigama, časopisima i raznoraznim drangulijama, pre svega mnoštvom antikvitetnih francuskih kristalnih pritiskivača za papir – u stvari, mnogi od ovih vrednih predmeta bili su izloženi na stolovima i na polici iznad otvora kamina. Do tada nisam video nijedan; opazivši moju znatiželju, Kolet je odabrala jedan primerak i držala njegovo svetlucanje pod žutom svetlošću lampe: „Ovaj se zove *Bela ruža*. Kao što vidite, jedna bela ruža smeštena je u centar najčistijeg kristala. Napravila ga je fabrika 'Kliši', 1850. Svi veliki pritiskivači napravljeni su u periodu između 1840 i 1900, a pravile su ih samo tri firme – 'Kliši', 'Bakarat' i 'Sent Luis'. Kad sam počela da ih kupujem, na buvljoj pijaci i na ostalim nezvaničnim mestima, nisu bili preterano skupi, ali tokom poslednjih decenija, njihovo sakupljanje postalo je moderno, prava manija, pa su cene kolosalne. Što se mene tiče" – pokazala je kuglu u kojoj se nalazio zeleni gušter i još jednu sa korpom crvenih trešanja u sebi – „pružaju veće zadovoljstvo od nakita. Ili skulpture. Tiha muzika, to su ovi kristalni svemiri. A sad", rekla je, neočekivano prelazeći na stvar, „recite mi šta očekujete od života. Osim slave i bogatstva – njih uzimamo ne razmišljajući." Rekao sam: „Ne znam šta očekujem. Znam šta bih voleo. Da postanem odrasla osoba."

---

[1] Eugenija, žena Napoleona III i carica Francuske od 1853. do 1870. Imala je značajan uticaj na spoljnu politiku svog muža. – (Prim. prev.)

Koletini zacrnjeni kapci podizali su se i spuštali poput sporih krila velikog plavog orla. „Ali", reče ona, „to je baš ono što niko od nas nikad neće postati: odrasla osoba. Mislite li na duh odeven u vreću i pepeo čiste mudrosti? Oslobođenost od svih đavolstava – zavisti, zlobe, pohlepe i krivice? Nemoguće. Volter, *čak* i Volter, živeo je sa detetom u sebi, ljubomornim i ljutitim, skarednim dečkićem koji je vazda mirisao prste. Volter je to dete odneo u grob, kao što ćemo i svi mi ostali učiniti sa svojom decom. Papa na svom balkonu...dok sanja o lepuškastom licu iz švajcarske garde. I veleuveženi britanski sudija sa perikom, o čemu on misli dok šalje čoveka na vešala. O pravdi, večnosti i ostalim *zrelim* pitanjima. Ili možda razmišlja kako da izdejstvuje da ga izaberu za člana džokej kluba? Naravno, ljudi imaju odrasle *trenutke*, otmenu manjinu rasutu tu i tamo, među kojom je smrt očigledno najvažnija. Smrt jamačno šalje tog skarednog dečkića da jurca nekud, a ono što ostaje od nas samo je objekat, beživotan, ali čist, poput *Bele ruže*. Evo", gurnula je cvetni kristal prema meni – stavite ovo u džep. Čuvajte ga kao opomenu da biti dugotrajan i savršen, to jest odrasti, znači postati objektom, oltarom, figurom unutar prozora od bojenog stakla: to znači biti odgajena stvar. Ali, zaista, toliko je bolje iskijavati zbog svojih grešaka i osećati se ljudskim bićem."

Jednom sam pokazao ovaj poklon Kejt Meklaud, a ona, koja je mogla da radi kao procenjitelj kod „Sotbija", reče: „Mora da se prešla. Mislim, zaboga, zašto ti je dala ovo? 'Klišijev' pritiskivač ovog kvaliteta vredi... o, pa, bar pet hiljada dolara."

Ne smatrajući ga rezervom za crne dane, sve do tada nisam ni znao koliko vredi. Premda ga nikad ne bih prodao, naročito sada, kad sam gologuz i niko i ništa – jer ga čuvam kao talisman blagosloven od strane jednog anđela posebne vrste, a čovek se ne odriče talismana bar u dva slučaja: kad nema ništa i kad ima sve – obe sudbine su ambis. Na svim svojim putovanjima, i kad sam gladovao i kad sam zapadao u samoubilački očaj, tokom godinu dana hepatitisa u kalkutskoj bolnici, izvitoperenoj od vrućine i zujavoj od muva, držao sam se *Bele ruže*. Ovde u *Y.M.C.A.*, držim ga skrivenog pod poljskim krevetom; umotan je u jednu od starih žutih vunenih skijaških čarapa Kejt Meklaud, koja je, opet, sakrivena u moj jedini prtljag, putnu torbu „Er Fransa" (iz Sautemptona sam pobegao neplanirano, tako da sumnjam da ću ikada više videti one „vuton" kofere, „batistoni" košulje, „lenvin" odela, „pil" cipele; nije mi žao, kad bih sada ugledao sve te stvari, ugušio bih se od povraćanja).

Upravo sam je izvukao, *Belu ružu*, i u njenim namigujućim kamenčićima ugledao plavi nebeski svod i snežne padine iznad Sent Morica, i ugledao sam Kejt Meklaud, žućkastomrku utvaru na beličastim „kneisl" skijama, kako brzo promiče, okrenuta profilom, blago nagnuta unazad nasuprot kosini, u pozi elegantnoj i preciznoj kao sâm „Klišijev" kristal.

Preksinoć je padala kiša; ujutru je jesenji dolet suvog kanadskog vazduha zaustavio novu provalu oblaka, pa sam izašao u šetnju i od svih ljudi na svetu naleteo na Vudrou Hamiltona! – čoveka koji je odgovoran, indirektno, razume se, za ovu moju poslednju poraznu avanturu. Evo me u zoo-vrtu Central Parka, gde osećam empatiju prema zebri, i gde se u jednom momentu začuje neverovatni glas koji kaže: „Pi Bi?", i to je on, potomak našeg dvadeset osmog predsednika, „Zaboga, Pi Bi. Izgledaš..."

Znao sam kako izgledam u svom sivom omotaču, u masnom odelu od lakog pamuka. „A što da ne izgledam?"

„O, jasno mi je. Pitao sam se da li si umešan u ono. Sve što znam pročitao sam u novinama. Priča mora da je izuzetna. Vidi", rekao je, pošto mu nisam odgovorio, „mogli bismo da skoknemo do 'Pjera' na piće."

Kod „Pjera" nisu hteli da me usluže zbog toga što nisam imao kravatu; odlutali smo do kafane na Trećoj aveniji, a ja sam usput odlučio da ne spominjem ni Kejt

Meklaud niti bilo šta od onoga što se dogodilo, i to ne iz opreznosti, već stoga što je sve bilo i suviše sveže: moja prosuta creva još uvek su se vukla po zemlji.

Vudrou nije insistirao; izgled pomodnog celuloidnog uštogljenka zapravo je bila kamuflaža koja skriva nešto kompleksnije aspekte njegovog karaktera. Poslednji put sam ga video pre godinu dana, u kanskom *Trois Cloches*. Rekao mi je da ima stan na Bruklin hajtsu i da predaje grčki i latinski u privatnoj srednjoj školi na Menhetnu. „Ali", lukavo je dodao, glasno razmišljajući, „imam i dodatni posao. Nešto što bi moglo biti interesantno za tebe: sudeći po tvom izgledu, rekao bih da bi ti neka ekstra para dobro došla."

Najpre mi je, posle konsultacije sa novčanikom, pružio račun od sto dolara: „Ovo sam zaradio danas popodne, igrajući oko prvomajske motke[1] zajedno sa vazarskim[2] diplomcem, klasa '09'"; potom i vizitkartu: „Ovako sam upoznao gospođu. Ovako sam ih upoznao sve. Muškarce. Žene. Krokodile. Jebanje iz razonode i zbog novca. Ako ništa drugo, zbog novca."

Na karti je pisalo: SAMOPOSLUŽIVANJE. VLASNIK, GOSPOĐICA VIKTORIJA SELF. Sledila je adresa na Čerdeset drugoj zapadnoj ulici i telefonski broj.

„Pa", reče Vudrou, „okupaj se i poseti gospođicu Self. Ona će ti dati posao."

„Mislim da ne bih mogao izaći na kraj sa zaposlenjem. Oklembešen sam preko svake mere. Osim toga, pokušavam da se vratim pisanju."

---

[1] *Maypole* – motka dekorisana trakama i cvećem oko koje ljudi igraju prilikom prvomajskih svečanosti. Ove svečanosti, kojima se proslavljalo proleće i čija je namena bila obezbeđivanje obilne žetve i zdravlja životinja i ljudi, održavane su još u srednjoj Evropi. Danas se, naravno, nekadašnji ritualni karakter izgubio – (Prim. prev.).

[2] *Vassar* – univerzitet u Saveznoj državi Njujork. – (Prim. prev.)

Vudrou je grickao glavicu luka iz svog „gibsona"[1].

„Ne bih to nazvao *poslom*. Na kraju krajeva, šta misliš, kakvu vrstu usluge nudi 'Samoposluživanje'?"

„Pastuvski posao, očigledno. Naruči đoku."

„Aha, ipak si slušao – izgledao si tako odsutan. Naravno, pastuvski posao. Ali ne sasvim klasičan. Operacija obuhvata oba pola. 'La Self' je uvek spremna na sve, bilo gde, na bilo koji način, i u bilo koje vreme."

„Čudno. Nikad te nisam zamišljao kao rent-a-pastuva."

„Ni ja. Ali ja sam odgovarajući lik: fini maniri, sivo odelo, naočare s rožnatim ramom. Veruj mi, u poslu postoji pregršt zahteva. A 'La Self' se orijentisala na raznovrsnost. Na svom spisku ima sve: od portorikanskih siledžija, do pandura-rukija i stokbrokera."

„A gde je tebe našla?"

„To je", reče Vudrou, „preduga priča." Naručio je novo piće; ja sam odbio da pijem, pošto nisam okusio alkohol od one ludačke džin-seanse sa Kejt Meklaud, i sada me je već prvo piće pomalo oglušelo (alkohol najpre deluje na moj sluh). „Reći su samo da se stvar desila preko momka koga znam sa Jejla. Dika Andersona. On radi na Vol stritu. Krajnje strejt momak, ali nije mu nije išlo najbolje, ili mu nije išlo dovoljno dobro da bi mogao da živi u Grinviču i da ima troje dece, od kojih dvoje u Eksitiru. Prošlog leta sam proveo vikend sa Andersonovima – ona je *stvarno* dobra cura; Dik i ja smo sedeli i pili hladnu patku, to je ona papazjanija koja se pravi od šampanjca i iskričavog burgundca; čoveče, zapenim čim pomislim na nju. A Dik mi kaže: „Većinu vremena provodim zgađen. *Baš zgađen*. Do vraga, šta sve čovek neće uraditi da bi imao dva dečaka u Eksitiru!" Vudrou se zakikotao. „Prilično džončiveriški[1], zar ne? Uvaženi, ali dekintirani stanovnik predgrađa rendiše

---

[1] Gibson – koktel od „draj martinija" garniran glavicom luka iz turšije. Radi se o posebnoj vrsti luka, znatno manjih dimenzija od uobičajene sorte. – (Prim. prev.)

dupe kako bi otplatio dugove iz kantri kluba i kako bi zadržao svoju decu u kvalitetnoj privatnoj školi."

„Ne."

„Šta ne?"

„Čiver je i suviše prepreden pisac da bi uopšte rizikovao sa stokbrokerom koji rasprodaje svoj kurac. Jednostavno zbog toga što mu niko ne bi poverovao. Njegovi radovi su uvek realistički, čak i kada su besmisleni – kao *Ogromni radio* ili *Plivač*."

Vudrou je bio iritiran; pažljivo sam deponovao njegovih sto dolara u unutrašnji džep, odakle ih može uzeti natrag samo uz izvesne poteškoće. „Ako je istina, a jeste, zašto niko ne bi poverovao?"

„Zato što istinite stvari ne moraju biti ubedljive, kako u životu, tako i u umetnosti. Seti se Prusta. Da li bi *Potraga* posedovala crtu koju poseduje da ju je on načinio istorijski doslovnom, da nije transponovao polove, izmenio događaje i identitete? Da je bio do kraja činjeničan, bila bi manje verovatna, ali bi možda" – o ovome sam često razmišljao – „bila bolja". Odlučio sam se, najzad, za još jedno piće. „To je pravo pitanje: da li je istina iluzija, ili je iluzija istina, ili između njih nema nikakve suštinske razlike? Ja lično ne marim za ono što pričaju o meni, sve dok to što govore nije istina."

„Možda bi trebalo da preskočiš to drugo piće."

„Misliš da sam pijan?"

„Pa, udaljavaš se od teme."

„Opušten sam, to je sve."

Vudrou ljubazno reče: „Znači, opet počinješ da pišeš. Roman?"

„Reportažu. Izveštaj. Da, *nazvao* bih to romanom. Ako ga ikada dovršim. Naravno, ja nikada ništa ne završavam."

---

[1] Džon Čiver (John Cheever) (1912–1982), američki pripovedač i romansijer koji se u svojim delima, punim fantastike, ironije i humora, bavio životom i moralom srednjeklasne prigradske Amerike. – (Prim. prev.)

„Imaš li naslov?" O, Vudrou je bio pun zapitkivanja sa baštenskih zabava.

„*Uslišene molitve.*"

Vudrou se namrštio. „To sam već negde čuo."

Nisi mogao čuti osim ako nisi bio jedan od tri stotine zvekana koji su kupili moje prvo i jedino objavljeno delo. I ono se, takođe, zvalo *Uslišene molitve*. Bez nekog posebnog razloga. Ovoga puta, imam razlog."

„*Uslišene molitve*. Citat, pretpostavljam."

„Sveta Tereza. Nikada nisam lično video to mesto, tako da ne znam šta je tačno rekla, ali bilo je to nešto kao: 'Više je suza proliveno zbog uslišenih nego zbog neuslišenih molitvi.'"

Vudrou reče: „Vidim zračak svetlosti. Ta knjiga je – o Kejt Meklaud *i ekipi*."

„Ne bih rekao da je *o* njima – iako se nalaze u njoj."

„Pa o čemu je onda?"

„O istini kao iluziji."

„I o iluziji kao istini?"

„O ovom prvom. Ovo drugo je predlog za još jednu temu."

Vudrou je tražio da mu razjasnim stvari, ali viski je odrađivao svoje, pa sam se osećao previše gluvim da bih pričao o tome; no, ono što bih rekao jeste sledeće: budući da istina ne postoji, ona ne može biti ništa drugo nego iluzija – ali, iluzija, nusprodukt obelodanjivačkog lukavstva, može dosegnuti visine koje su mnogo bliže nedostižnom vrhu Savršene Istine. Uzmimo, na primer, ženske impersonatore. Impersonator je, zapravo, muškarac (istina), sve dok se ponovo ne pretvori u ženu (iluzija) – ovde je iluzija istinitija.

Tog popodneva, oko pet, dok su se kancelarije praznile, zatekoh sebe kako se vučem 42. ulicom, tražeći adresu zapisanu na vizitkarti gospođice Self. Ispostavilo se da je ustanova smeštena iznad prizemnog pornografskog tržnog centra, jedne od onih rupčaga oblepljenih posterima ljuljajućih đoki i rastvorenih mindži. Dok sam se približavao, jedna uzbudljiva mušterija, delovala je ugledno i nikogovićki, spustila je nekakav paket koji se otvorio i iz koga se rasulo nekoliko desetina sjajnih crno--belih fotografija – ništa specijalno, uobičajene „šezdeset devetke", i roštilj-cure u trostrukoj vožnji; ipak, podosta ljudi se zaustavilo i počelo da bulji dok je vlasnik klečao, prikupljajući svoju imovinu. Pornografija je, po mom mišljenju, shvaćena na krajnje pogrešan način, jer, ona ne proizvodi seksualne manijake i ne šalje ih da tumaraju podzemnim prolazima – posredi je sredstvo za umirenje seksualno ugnjetenih i neostvarenih, jer, nije li jedini cilj pornografije stimulacija masturbacije? A masturbacija je, bez sumnje, prijatnija alternativa za „muškarce od mišića", kako kažu u krugovima odgajivača konja.

Portorikanski makro je stajao, podrugljivo se osmehujući pognutom čoveku („Šta će ti to, kad ja imam finu živu *putu*?"), ali meni ga je bilo žao: delovao mi je kao neki prilično mlad usamljeni sveštenik koji je proneverio sve priloge sakupljene na poslednjoj nedeljnoj misi kako bi kupio te drk-fotke; i tako, odlučio sam da mu pomognem da ih sakupi – ali čim sam počeo, udario me je posred lica: karate udarac koji mi je, činilo mi se, smrskao jagodičnu kost.

„Gubi se", zarežao je. Rekoh: „Isuse, pa hteo sam da vam pomognem." A on reče: „Gubi se. Ili ću te stvarno izlemati." Lice mu se toliko zacrvenelo da su me oči zabolele, a onda sam shvatio da to nije samo boja besa, već i boja stida – ja sam mislio da je on pomislio da hoću da mu ukradem slike, ali ono što ga je razjarilo bilo je sažaljenje koje je implicirala moja spremnost da mu pomognem.

Mada je krajnje uspešna biznismenka, gospođica Self sigurno ne troši novac da to i pokaže. Njene kancelarije su na četvrtom spratu zgrade bez lifta. SAMO-POSLUŽIVANJE: natpis na mutnom staklu vrata. Ali, oklevao sam (zaista, da li sam želeo da radim ovo? Pa, nije bilo ničega što bih više voleo da radim, bar kad je reč o poslovima namenjenim zarađivanju para). Popravio sam frizuru, izgužvao pantalone upravo kupljenog pedesetdolarskog „Robert Hol" specijala koji je uključivao dva para od rebrastog štofa, pozvonio, i ušetao unutra.

Spoljna kancelarija je od nameštaja imala samo klupu, sto i dva mlada gospodina, sekretara-recepcionera posađena iza stola, i lepog mulata odevenog u *veoma savremeno svileno odelo teget boje*; nijedan od njih dvojice nije odlučio da me primeti. „...i, posle toga", govorio je mulat, „ostao sam sa Spenserom nedelju dana u San Dijegu. Spenser! On je uuuuu prava *raketa*, uau. Jedne noći smo krstarili autoputem i Spenser je pokupio nekog crnju marinca, bio je to pravi seljački komad dimljene junetine iz Alabame, tako da ga je Spenser zaskočio na zadnjem sedištu, i posle taj momak kaže: 'Ja sigurno znam š'a dobijam ovime. Prija mi. Al' neš'o nikako ne mogu da vidim, š'a vi momci dobijate?' A Spenser mu kaže: 'O, čoveče. Ukusno je. Prava pička na štapiću.'"

Sekretar mlitavo okrenu par osuđujućih zimzelenih očiju prema meni. Plavušan, i to kakav! – koža mu je imala zlatni uljasti odsjaj koji se postiže produženim vikendima na Čeri Grouvu. Ipak, sve u svemu, delovao je krajnje buđavo – neka vrsta preplanulog Juraja Hipa. „Da?", upita glasom koji je hladno puzio kroz vazduh, poput izdaha dima mentol cigarete.

Rekao sam mu da želim da se vidim sa gospođicom Self. Upitao me je za razlog moje posete, pa sam rekao da me je preporučio Vudrou Hamilton. On reče: „Moraćete da popunite formular. Da li se prijavljujete kao klijent? Ili kao potencijalni službenik?"

„Službenik."

„Mmmmmm", razmišljao je Crni Lepotan, „baš loše. Ne bih imao ništa protiv da ti malo iskajganišem jajca, tatice." A sekretar, cepidlački nadrndan, reče: „Okej, Lester. Sklanjaj svoje ranjavo dupe sa sestrinog stola i poturi ga Amerikancu. Imaš zakazano u pola šest. Soba 507."

Kad sam popunio upitnik, u kojem se nije tražilo ništa osim uobičajenih stvari: Godište? Adresa? Zanimanje? Bračni status?, Drakulina sestra ispari s njim u unutrašnju kancelariju – i dok je bila odsutna, unutra je lagano ušetala ta devojka, gojazna, ali prokleto privlačna devojka, mlada *boule de suif*[1] sa ružičastim kremastim okruglim licem i debelim parom duda koje su se migoljile u letnje ružičastoj haljini.

Priljubila se uz mene i gurnula cigaretu između usana. „Kako stoje stvari?" Objasnio sam da joj, ukoliko traži šibicu, ne mogu pomoći, jer sam prestao da pušim, a ona reče: „I ja sam. Ovo je samo podupirač. Mislila sam, kako stoje stvari, gde je Buč? Buč!", povikala je, dižući se kako bi spopala sekretara koji se upravo vraćao.

„Megi!"

„Buč!"

„Megi!" Potom, dolazeći sebi: „Ti, kučko. Pet dana! Gde si bila?"

„Je l' ti nedostajala Megi?"

„Jebeš *mene*. Koji sam pa ja faktor? Nego onaj matori iz Sietla. Uf, kakvu je dževu digao što nisi došla na sastanak u četvrtak uveče."

„Žao mi je, Buč. Auu!"

„Pa gde si bila, Megi? Dvaput sam išao u tvoj hotel. Sto puta sam zvao. Mogla si da se prijaviš."

„Znam. Ali, vidiš... udala sam se."

„Udala si se? Megi!"

„Molim te, Buč. Nije ništa ozbiljno u pitanju. Posao neće *trpeti*."

„Mogu da zamislim šta će reći gospođica Self." A na kraju se setio i mene. „O, da", reče sekretar, kao da otire paperje sa rukava. „Gospođica Self će vas primiti, go-

---

[1] Naslov jedne Mopasanove pripovetke – „Kugla sala". – (Prim. prev.)

spodine Džouns. Gospođice Self", najavio me, otvarajući mi vrata, „ovo je gospodin Džouns."

Izgledala je kao Marijana Mur[1]; snažnija, teutonizovana gospođica Mur. Sede *hausfrau* pletenice sapinjale su njenu uzanu lobanju; nije bila našminkana, a njena odeća, čovek bi rekao uniforma, bila je od plavog serža kakav nose zatvorske nadzornice – ta dama bila je sasvim lišena raskoši, baš kao i njene prostorije. *Osim*...na zglobu njene ruke zapazio sam zlatni sat ovalnog oblika, sa rimskom numeracijom. Kejt Meklaud je imala isti takav; poklonio joj ga je Džon F. Kenedi, stigao je iz Londonskog „Kartijea", gde je plaćen hiljadu dvesta dolara.

„Sedite, molim vas." Glas joj je bio prilično stidljiv, zvučala je kao da srkuće čaj, ali su joj oči imale 20/20 čeličnosti očiju plaćenog ubice. Bacila je pogled na sat koji nikako nije išao uz njenu neelegantnu pojavu. „Hoćete li da mi se pridružite? Prošlo je pet." Iz fioke stola je izvadila dve čašice i flašu tekile, bilo je to nešto što nikad nisam probao i nisam očekivao da će mi se svideti. „Svideće vam se", rekla je. „Ima muda. Moj treći muž je bio Meksikanac. A sad mi recite", rekla je, tapkajući po mojoj prijavi, „da li ste se ranije bavili ovim poslom? Profesionalno?"

Zanimljivo pitanje; razmišljao sam o njemu. „Ne bih rekao *profesionalno*. Ali sam se njime bavio... kako bih zaradio novac."

„To je dovoljno profesionalno. Oženi!", reče i nategnu finu čašicu tekile. Lice joj se razvuče u grimasu. Prođoše je žmarci. „*Buenos Dios*, čupavo. 'Ajde", reče. „Eksirajte. Svideće vam se."

---

[1] Marijana Mur (1887–1972), američka pesnikinja naglašeno eksperimentalnog prosedea. Zahvaljujući tačnoj i minucioznoj opservaciji detalja, njena poezija (koja će, kako je predvideo T. S. Eliot, dugo trajati) objedinjava moralne i intelektualne uvide. Tokom svoje duge karijere bila je veoma cenjena od strane kolega. – (Prim. prev.)

Što se mene tiče, bio je to ukus naparfimisanog benzina.

„A sad", reče, „da igramo otvorenih karata, Džouns. Sredovečni muškarci čine devedeset posto naše klijentele, a polovina naše trgovine tiče se ćaknutih stvari, na ovaj ili na onaj način. Zato, ukoliko želite da se ovde zaposlite kao strejt pastuv, zaboravite. Da li me pratite?"

„Skroz."

Namignula je i nasula još jednu dozu. „Recite mi, Džouns, postoji li nešto što ne biste radili?"

„Neću da primam. Zabijaću. Ali neću da primam."

„A, tako?" Zaista je bila Nemica; no bio je to tek suvenir akcenta, slično mirisu kolonjske vode koji se zadržao na antikvitetnoj maramici. „U pitanju je moralna predrasuda?"

„Ne baš. Hemoroidi."

„A šta je sa S. i M[1]? F. F.[2]"?

„Sve?"

„Da, dušo. Bičevi. Lanci. Cigarete. F. F. Takve stvari."

„Bojim se da ni to ne bih mogao."

„A, tako? A da li je *to* moralna predrasuda?"

„Ne verujem u okrutnost. Čak ni onda kad drugoj strani pričinjava zadovoljstvo."

„Vi, znači, nikada niste bili okrutni?"

„To nisam rekao."

„Ustanite", rekla je. „Skinite jaknu. Okrenite se. Još jednom. Sporije. Šteta što niste malo viši. Ali imate dobru figuru. Fin ravan stomak. Kako ste obdareni?"

„Nisam imao nikakvih pritužbi."

„Možda je naša publika zahtevnija. Vidite, to je pitanje koje uvek postavljaju: koliki mu je stojko?"

„Želite li da ga vidite?", rekoh, igrajući se sa mojim super-specijalnim „Robert Hol" šlicem.

---

[1] Sadomazohizam. – (Prim. prev.)
[2] F. F.: fist-fucking (penetracija pesnicom. – (Prim. prev.)

„Nema razloga za prostote, gospodine Džouns. Videćete da, iako spadam u ljude koji govore direktno, ja nisam *prostak*. A sad sedite", reče, ponovo puneći čašice tekilom. „Dosad sam ja bila istražni sudija. Šta biste vi želeli da znate?"

Ono što sam ja želeo da znam bila je njena životna priča; malo ljudi je odmah pobudilo moju radoznalost, kao sad ona. Da li je možda bila izbeglica iz Hitlerove Nemačke, veteranka hamburškog *Reeperbahn*[1]*-a* koja je uoči rata emigrirala u Meksiko? A pala mi je na pamet i mogućnost da ona nije glavna u ovoj operaciji, već da je, kao i većina vlasnika javnih kuća i padrona seks-kafea, samo fasada mafijaških preduzimača.

„Maca vam je pojela jezik? Pa, sigurna sam da želite da se upoznate sa našim finansijskim uslovima. Standardni honorar iznosi pedeset dolara na sat, tu sumu delimo na pola, s tim što vi možete zadržati napojnicu koju vam da klijent. Naravno, honorar varira; u izvesnim slučajevima dobićete mnogo više. Na raspologanju su vam takođe i bonusi za svakog prihvatljivog klijenta ili nameštenika kojega regrutujete. „A sad", reče, nišaneći svojim očima u mene kao dvocevkom, „postoji nekoliko pravila kojima se morate povinovati. Nema drogiranja niti prekomernog alkoholisanja. Ni pod kakvim uslovima ne smete poslovati direktno sa klijentom – sve rezervacije moraju biti obavljane posredstvom servisa. Zaposleni ne sme ostvarivati nikakve socijalne kontakte sa klijentom. Svaki pokušaj ugovaranja privatnog dila sa klijentom povlači momentalni otkaz. Svaki pokušaj da se klijent uceni ili na bilo koji način dovede u neprijatnu situaciju rezultiraće veoma oštrom kaznom – pri tome ne mislim samo na otpuštanje s posla."

Tako, znači: oni tamni sicilijanski pauci zaista su tkači ove mreže.

„Jesam li bila jasna?"

---

[1] „Ulica crvenih fenjera" u Hamburgu, gde je prostitucija legalizovana, uz nadzor policije. – (Prim. prev.)

„Apsolutno."
Upao je sekretar. „Gospodin Valas je na liniji. Vrlo je hitno. Mislim da je razbijen."
„Tvoje mišljenje nas ne zanima, Buč. Samo ti prebaci gospodina Valasa." Odmah je podigla slušalicu jednog od nekoliko telefona koji su stajali na njenom stolu. „Ovde gospođica Self. Kako ste, gospodine? Mislila sam da ste u Rimu. Pa, tako sam pročitala u *Tajmsu*. Da ste bili u Rimu, na audijenciji kod pape. O, sigurna sam da ste u pravu: *quel* kemp! Da, odlično vas čujem. Aha. Aha." Naškrabala je nešto na blokčiću, mogao sam to da pročitam, pošto je čitanje naopačke jedan od mojih posebnih talenata: Apartman Valas, 713, Hotel Plaza. „Žao mi je, ali Gambo više nije sa nama. Ti crni momci, strašno su nepouzdani. Ali odmah ćemo poslati nekoga. Nema na čemu. Hvala vama."
Onda me je posmatrala prilično dugo. „Gospodin Valas je veoma uvaženi klijent." Još jedno produženo zurenje. „Naravno, Valas nije njegovo ime. Za svakog klijenta koristimo pseudonim. I za zaposlene. Vaše ime je Džouns. Zvaćemo vas Smit."
Iscepala je papir iz blokčića, napravila lopticu od njega, i bacila mi ga. „Mislim da možete da odradite ovo. To, zapravo, nije fizička situacija. Više je tu reč o... kućnoj nezi."

Pozvao sam gospodina Valasa sa jednog od onih bofl zlatnih kućnih telefona u lobiju hotela „Plaza". Javio se pas – bio je to zvuk pada slušalice, propraćen paklenim lavežom. „He, he, tou je samou moj pas", objasnio je proja-od-kukuruznog-brašna-glas. „Kad god telefon zazvoni, on ga ščepa. Ti si momak iz servisa? Pa, doskakući gore."
Kad je klijent otvorio vrata, njegov pas se otrgnuo, jurnuo u hodnik i bacio se na mene kao vođa navale „Njujork džajentsa". Bio je to crno-smeđi engleski buldog – dve stope visok, možda tri stope širok; mora da je imao sto funti, silina njegovog uraganskog napada prile-

pila me je uza zid. Prodrao sam se prilično glasno; vlasnik se nasmejao: „Nemoj da se plašiš. Stari Bil, on je samo srdačan." I ja bih rekao. Uspaljena bitanga je jahala moju nogu kao drogirani ždrebac. „Bile, odmah da si prestao", komandovao je Bilov gospodar glasom zveckavim od nerazgovetnih džin-kikotanja. „Ozbiljno ti kažem, Bile. Dosta s tim." Na kraju je stavio povodac na ogrlicu seksualnog manijaka i odvukao ga od mene, rekavši: „Jadni Bil. Nisam u stanju da ga izvedem u šetnju. Dva dana nije izlazio. To je jedan od razloga zbog kojeg sam pozvao servis. Prvo što tražim od tebe jeste da izvedeš Bila u park."

Bil je bio pristojan dok nismo stigli do parka.

Usput sam razmišljao o gospodinu Valasu: debelovrati, trbušasti, od cirke naduti prcoljak sa lažnim brkovima zalepljenim iznad lakonskih usana. Vreme je sahranilo njegovu spoljašnost, jer je nekad bio umereno reprezentativan; ipak, odmah sam ga prepoznao, iako sam ga pre toga video samo jedanput, i to pre nekih deset godina. Ali odlično sam se sećao tog letimično bačenog pogleda, jer je on u to vreme bio najaklamovaniji američki dramski pisac, i, po mom mišljenju, najbolji; moja memorija bila je podstaknuta i čudnim mizanscenom: parisko popodne u baru *Boueuf-sur-le-Toit*, gde je sedeo za stolom ljubičastog tapaciranja, u društvu trojice muškaraca, od kojih su dvojica bili skupe prostitutke, korzikanski pirati u britanskom flanelu, a treći niko drugi do Samner Velis – fanovi emisije „Poverljivo" prisetiće se patricijskog gospodina Velisa, bivšeg državnog podsekretara, velikog i dobrog prijatelja „Udruženja nosača u spavaćim kolima". Bila je to i te kakva živa slika, posebno *vivant* kad je Njegova ekselencija, pijan kao breskve u brendiju, počeo da gricka ta korzikanska uva.

Jesenji šetači spokojno su promicali večernjim stazama parka. Jedan japanski par zastao je da potroši ljubav na Bilija; u izvesnom smislu bili su posilazili sa umova, vukli su njegov vijugavi rep, grlili ga – mogao sam to razumem, pošto je Bil, sa svojim uvučenim licem i nogama Kvazimoda, sa svojim komplikovano iskrivljenim telesnim sastavom, bio objekat privlačan za orijentalna estetička čula u istoj meri koliko i bonzai drvca, patuljasti jelen i sorta zlatnih ribica teška pet funti. Međutim, ja lično nisam istočnjak, i nisam bio zahvalan kad me je Bil namamio u travu, pa pod drvo, gde je odjednom ponovo počeo da me seksualno napastvuje.

Kako nisam mogao da se nosim sa toliko odlučnim silovateljem, bilo je svrsishodno izvaliti se na travu i pustiti ga da bude po njegovom – čak ga i ohrabriti; „Tako je, bejbi. Dobro me odradi. Isprazni se." Imali smo publiku – u daljini, iza iskolačenih, strašću opijenih očiju mog razdraganog ljubavnika, ljudska lica su se kretala gore-dole. Neka žena oštro reče: „Ti prljavi degeneriku! Prestani da zloupotrebljavaš tu životinju. Zašto neko ne pozove policiju?" Druga žena reče: „Alberte, želim da se vratim u Utiku. Večeras." Bil se prekrstio, uz balavo dahtanje.

Moje mokre „Robert Hol" pantalone nisu bile jedina nepodopština koju mi je Bil priredio te večeri. Kad sam ga vratio u „Plazu" i ušao u foaje apartmana, zgazio sam u veliku gomilu vlažnih govana, Bilovih govana, okliznuo se i pao pravo na lice – u *drugu* gomilu govana. Sve što sam rekao gospodinu Valasu bilo je: „Mogu li da se istuširam?" On reče: „Uvek insistiram na tome."

Međutim, kao što je nagovestila gospođica Self, gospodin Valas, kao i Deni Fouts, bio je više razgovorna no čulna osoba. „Ti si dobar dečko", obavestio me je. „O, znam da nisi dečko. Nisam toliko pijan. Vidim da imaš kilometražu za sobom. Nema veze, ipak si dobar dečko; to ti je u očima. Ranjenim očima. Poniženim i uvređenim. Čitao si Dostojevskog? Dobro, mislim da on nije tvoj tip. Ali ti si jedan od njegovih ljudi. Poniženih i uvređenih. Baš kao i ja; zbog toga se i osećam bezbedno sa tobom." Zakolutao je očima, posmatrajući, poput nekog tajnog agenta, spavaću sobu osvetljenu lampom; soba je izgledala kao da je kroz nju upravo prošao kanzaški tornado – posvuda nabacana odeća, pseća govna na sve strane, a na tepisima lokve pseće mokraće koje se suše. Bil je spavao kod nogara kreveta, i svojim hrkanjem izlučivao post-koitalnu melanholiju. Ako ništa drugo, dozvolio je svom gospodaru i gostu svog gospodara da se malo posluže krevetom, gost je bio go, a gospodar potpuno obučen, uključujući i crne cipele, prsluk u čijem su džepu bile olovke i par naočara rožnatog rama. U jednoj ruci gospodin Valas držao je čašu od četkice za zube, punu puncatu nerazblaženog škotskog viskija, a u drugoj cigaru na kojoj su narastala drhturava vlakna pepela. S vremena na vreme se ispružao, kako bi me pomilovao, a u jednom trenutku vreli pepeo mi je oprljio pupak; pomislio sam da je to uradio namerno, ali onda sam zaključio da možda i nije.

„Bezbedno koliko se progonjeni čovek može tako osećati. Čovek kome su ubice za petama. Moguće je da ću vrlo skoro umreti. A ako umrem, to neće biti prirodnom smrću. Oni će nastojati da sve izgleda kao srčani udar. Ili nesrećni slučaj. Ali, obećaj mi da nećeš verovati u to. Obećaj mi da ćeš napisati pismo *Tajmsu* i reći im da je reč o ubistvu."

Sa pijancima i ludacima uvek budi logičan. „Ali, ako mislite da ste u opasnosti, zašto ne pozovete pandure?"

Rekao je: „Ja nisam cinkaroš"; a onda je dodao: „Ja sam ionako umirući čovek. Umirem od raka."

„Gde imate na rak?"

„U krvi. U grlu. Plućima. Jeziku. Stomaku. Mozgu. Dupetu." Alkoholičari zaista preziru ukus alkohola: zadrhtao je, polokavši pola viskija iz čaše. „Sve je počelo pre sedam godina, kad su se kritičari okomili na mene. Svaki pisac ima svoje trikove koje, pre ili kasnije, kritičari otkrivaju. To je u redu; vole te sve dotle dok mogu da te identifikuju. Moja greška bila je u tome što su mi se moji stari trikovi zgadili i što sam naučio nekoliko novih. Kritičari to ne podnose; oni mrze mnogostranost – ne vole kad se pisac razvija ili menja na bilo koji način. I tako je došao rak. Onda kad su kritičari počeli da pričaju kako su stari trikovi predstavljali „čistu poetsku snagu", dok su novi trikovi „otrcane pretencioznosti". Šest neuspeha zaredom, četiri na Brodveju i dva van njega. Ubijaju me iz zavisti i neznanja. I to bez stida ili kajanja. Šta njih briga što mi rak izjeda mozak!" Potom reče, prilično zadovoljnim tonom: „Ti mi ne veruješ, zar ne?"

„Ne mogu verovati u sedam godina galopirajućeg kancera. To je nemoguće."

„Ja sam umirući čovek. Ali ti ne veruješ u to. Ti uopšte ne veruješ da imam rak. Misliš da je sve to samo problem za psihijatra." Ne, evo šta sam ja mislio: ovo je zdepasti mali tip koji ima dramski um i koji, poput jedne od svojih dezorijentisanih heroina, traži pažnju i saosećanje, servirajući potpunim strancima svoje laži u koje poluveruje. Strancima, zbog toga što je bez prijatelja, a bez prijatelja je zbog toga što su njegovi likovi i on sam jedine osobe koje sažaljeva – svi ostali su u publici. „Za tvoju informaciju, ja sam bio kod psihijatra. Dve godine, pet puta nedeljno, davao sam pedeset dolara na sat. Sve što je kučkin sin učinio bilo je mešanje u moje privatne stvari."

„Nisu li za to i plaćeni? Da se mešaju u nečije privatne stvari?"

„Ne pravi se pametan, stari druže. Ovo nije šala. Doktor Kevi mi je uništio život. Ubedio me je da nisam peder i da ne volim Freda. Rekao mi je da sam propao kao pisac ukoliko se ne otarasim Freda. A Fred je zapravo bio jedina dobra stvar u mom životu. Možda ja nisam voleo *njega*. Ali on je voleo *mene*. Držao je moj život na okupu. Nije bio varalica za koju ga je proglasio Kevi. Kevi je rekao: Fred te ne voli, on voli tvoj novac. Jedini koji voli novac je Kevi. I tako, pošto nisam nameravao da napustim Freda, Kevi ga je tajno nazvao i rekao mu da ću, ako on ne pobegne od mene, umreti od pića. Fred se spakovao i nestao, ja ništa nisam shvatao, sve dok doktor Kevi, vrlo ponosan na sebe, nije priznao šta je uradio. Rekao sam mu: vidiš, Fred ti je verovao, i žrtvovao se iz svoje velike ljubavi prema meni. Tu sam pogrešio. Jer, kad smo pronašli Freda, iznajmio sam Pinkertone koji su ga pronašli u Piortoriku, Fred je rekao da ima samo jednu želju: da mi razbije nos. Mislio je da sam ja nagovorio Kevija da ga nazove, da je cela zavera potekla od mene. Ipak, pomirili smo se. A i to je baš pa donelo mnogo dobroga. Sedamnaestog juna Fred je operisan u Memorijalnoj bolnici, a umro je četvrtog jula. Imao je trideset šest godina. Ali nije se pretvarao; stvarno je imao rak. Eto šta se dešava kad ti se šrinkovi mešaju u privatan život. Gledaj samo ovaj nered. Zamisli, moram da unajmljujem kurve da šetaju Bila."

„Ja nisam kurva." Mada, ne znam zašto sam se zamajavao protestovanjem: ja sam kurva, oduvek sam to bio.

Sarkastično je zasoptao; kao i svaki preterano osetljivi muškarac, bio je bezdušan. „Hoćemo li?", rekao je, oduvavajući pepeo sa gigare. „Okreni se i raširi guzove."

„Žao mi je, ali ne primam. Dajem. Ali, ne primam."

„Oooo", reče on svojim tamo-skroz-daleko glasom, kašastim poput slatke pite od krompira, „ne želim da te povalim, stari druže. Želim samo da ugasim cigaru."

Uh, kako sam zbrisao odatle! – nagurao odeću u kupatilo i zaključao se. Dok sam se oblačio, mogao sam da čujem gospodina Valasa kako se smejulji sam za sebe. „Stari druže?", rekao je. „Nisi valjda mislio da sam stvarno to hteo da uradim? Ne znam. Niko više nema smisla za humor." Ali kad sam izašao, tiho je hrkao, nežna pratnja Bilovoj robusnoj galami. Cigara mu je još uvek gorela između prstiju: verovatno će jednog dana, kad ne bude nikoga da ga spase, mister Valas ovako i završiti.

\*

Ovde u Vaju, u ćeliji do moje, spava slepi šezdesetogodišnjak. On je maser i nekoliko meseci bio je zaposlen u gimnastičkoj sali u prizemlju. Zove se Bob, on je tip velikog stomaka koji miriše na bejbi ulje i „Slounovu" tečnu mast. Jednom sam mu pomenuo da sam radio kao maser, pa je on rekao da bi voleo da vidi kakav sam maser, i tako, razmenili smo tehnike, i dok me je trljao tim debelim senzitivnim rukama slepca, ispričao mi je ponešto o sebi. Rekao je da je bio neženja do svoje pedesete, kada je oženio jednu kelnericu iz San Dijega. „Helen. Opisala je sebe kao bajnu plavu tridesetjednogodišnju ribu, razvedenu, ali mislim da nije bila nešto, jer, zašto bi se udala za mene? Mada, imala je dobru figuru, a sa ovim rukama sam baš umeo da je popalim. I, dobro, kupili smo 'forda' pik-apa i malu aluminijumsku kamp-prikolicu, i preselili se u Ketidral Siti – mesto u kalifornijskoj pustinji pored Palm Springsa. Računao sam da mogu da dobijem posao u jednom od klubova u Palm Springsu, i tako je i bilo. Mesto je sjajno od novembra do juna, najbolja klima na svetu, toplo danju, a hladno noću, ali, Isuse, leti zna da bude 120, 130[1], vrućina pri tom nije bila suva, kao što bi to čovek očekivao, i to od onda kad su tamo sagradili milion bazena: ti bazeni su načinili pustinju vlažnom, a vlaga na 120 stepeni nije za belce. Ni za belkinje.

„Helen je užasno patila, ali ništa se nije moglo učiniti – tokom zime nikad ne bih mogao uštedeti dovoljno da bismo leti mogli da pobegnemo odatle. Živi smo se pržili u našoj maloj aluminijumskoj prikolici. Jednostavno smo sedeli, Helen je gledala televiziju i počinjala da me mrzi. Možda me je oduvek mrzela; ili naš život; ili *svoj* život. Ali, kako je bila mirna žena i kako se nikad nismo mnogo svađali, nisam znao kako se oseća sve do prošlog aprila. Tada sam morao da napustim posao i da odem u bolnicu na operaciju. Proširene vene u mojim nogama. Nisam imao para, a bilo je to pitanje života ili smrti. Doktor je rekao da svakog trenutka mogu dobiti emboliju. Tri dana posle operacije Helen dođe u posetu.

---

[1] 49,54 Celzijusovih stepeni. – (Prim. prev.)

Ne kaže kako si, ne poljubi me, ne uradi ništa. Kaže mi samo: 'Ne tražim ništa, Bobe. Kofer sam ostavila dole, sa tvojim stvarima. Uzimam samo kamionet i prikolicu.' Ja je pitam o čemu to priča, a ona kaže: 'Žao mi je Bobe, moram da krenem dalje.' Uplašio sam se; počeo sam da plačem – preklinjao sam je, rekavši: 'Helen, molim te, ženo, ja sam slep, sada sam i hrom, imam šezdeset godina – ne možeš me ostaviti ovako, bez doma i napuštenog od svih.' Znaš šta mi rekla: 'Kad si napušten, odvrni ventil i pusti gas.' To je bilo poslednje što mi je rekla. Kad sam izašao iz bolnice, imao sam četrnaest dolara i sedamdeset osam centi, ali sam želeo što veći prostor između sebe i tog mesta, tako da sam zapucao za Njujork, autostopom. Nadam se da je Helen srećnija, gde god da se nalazi. Ne krivim je ni za šta, iako mislim da se ponela krajnje surovo prema meni. Bio je to težak poduhvat, slepi starac, polubogalj, stopira Amerikom.

Bespomoćni čovek koji čeka u mraku, pored nepoznatog puta: mora da se tako osećao Deni Fouts, pošto sam bio okrutan prema njemu koliko i Helen prema Bobu.

Deni mi je poslao dve poruke sa klinike u Viviju. Rukopis prve bio je skoro nečitljiv: „Teško mi je da pišem, pošto ne mogu da kontrolišem ruke. Otac Flanegan, renomirani vlasnik crnčuge-pederčići-i-košer kafe oca Flanegana, dao mi je moj ček i pokazao mi vrata. *Merci Merci pour toi.* Inače bih se osećao veoma usamljenim." Šest meseci kasnije primio sam dopisnicu napisanu sigurnom rukom: „Molim te, telefoniraj mi u Vivi, na 46 27 14."

Telefonirao sam iz bara „Pont rojal"; sećam se da sam, čekajući na Denijev glas, gledao Artura Kestlera[1] kako sistematski zlostavlja ženu koja je sedela s njim za stolom – neko je rekao da mu je to devojka; plakala je,

---

[1] Artur Kestler (1905–1983), britanski romanopisac, novinar i kritičar mađarskog porekla, najpoznatiji po svom romanu *Pomračenje u podne* (1940).

ali nije činila ništa kako bi se zaštitila od njegovih uvreda. Neizdržljivo je gledati rasplakanog muškarca ili ženu podvrgutu torturi, ali niko nije intervenisao, a barmeni i kelneri pretvarali su se da ne primećuju ništa.

A onda se Denijev glas spustio sa alpskih visina – zvučao je kao da su mu pluća napunjena kristalnim vazduhom, rekao je da je bilo gusto, ali da je sada spreman da napusti kliniku, i da bih ga u utorak mogao sačekati u Rimu, gde mu je princ Ruspoli („Dado") ustupio svoj stan. Ja sam kukavica – u frivolnom, ali i u najozbiljnijem mogućem smislu; nikad ne mogu ispoljiti više od umerene iskrenosti u svojim osećajima prema drugoj osobi, pa ću reći da onda kad mislim ne. Rekao sam Deniju da ću ga sačekati u Rimu, ali kako sam mogao da mu saopštim da više ne nameravam da ga vidim, jer me on plaši? Nije bila reč o drogama, niti o haosu, već o pogrebnom oreolu gubitaka i poraza koji je lebdeo nad njim: izgledalo je da senka takvog gubitka na neki način preti mom predstojećem trijumfu.

I tako sam otišao u Italiju, ali u Veneciju, a ne u Rim, i sve do početka zime, kad sam jedne noći sedeo sam u Harijevom baru, nisam znao da je Deni umro u Rimu nekoliko dana nakon što je trebalo da mu se pridružim. Mimi mi je rekao. Mimi je bio Egipćanin deblji od Faruka, krijumčar droge koji je poslovao na potezu Kairo–Pariz; Deni je bio privržen Mimiju, ili je bar bio privržen narkoticima koje je Mimi nabavljao, a ja sam ga vrlo slabo znao, pa sam bio iznenađen kad se, videvši me kod Harija, Mimi dogegao do mene, poljubio me svojim malina-usnama i rekao: „Moram da se nasmejem. Kad god pomislim na Denija, moram da se nasmejem. On bi se smejao. Umreti na takav način! To se moglo desiti samo Deniju." Mimi je podigao svoje očerupane obrve. „A ti nisi znao? Radilo se o lečenju. Da je ostao na doupu, živeo bi još dvadeset godina. Ali lečenje ga je ubilo. Sedeo je na šolji i srao, kad mu je srce otkazalo." Deni je, prema Mimijevoj priči, bio sahranjen na protestantskom groblju pored Rima – ali kad sam sledećeg leta otišao tamo, da pronađem njegov grob, nisam mogao da ga nađem.

Godinama sam bio sklon Veneciji, živeo sam tamo tokom svih godišnjih doba, a najviše sam voleo poznu jesen i zimu, kad morska izmaglica plovi pjacama, a srebrno šuškanje gondolijerskih zvona drhti duž kanala pod velom. Tamo sam proveo svoju prvu evropsku zimu, živeći u nezagrejanom malom stanu na poslednjem spratu palate „Grand kanal". Nikada pre toga nisam doživeo takvu hladnoću; bilo je momenata kad su mi hirurzi mogli amputirati ruke i noge, a da pri tom ne osetim ni najmanji bol. Ipak, nisam bio nesrećan, pošto sam verovao da je moje delo u nastajanju *Besani milioni* remek-delo. Sad sam načisto s tim šta je ono zapravo bilo – pseća porcija nadrealističke proze prelivena nekim sosom po receptu Viki Baum.[1] Crvenim priznajući ovo, ali tek da se zna, da se radilo o desetak Amerikanaca (o paru pred razvodom, o četrnaestogodišnjoj devojci koja deli motelsku sobu sa mladim, bogatim i zgodnim voajerom, o pomorskom generalu koji masturbira itd.) čiji su životi povezani samo okolnošću da u kasne sate gledaju isti film na televiziji.

Na knjizi sam radio svakog dana, od devet ujutru do tri popodne, a u tri, bez obzira na vremenske prilike, počinjao svoje pešačenje kroz venecijanski lavirint, sve dok ne padne veče i dok ne dođe vreme za Harijev bar,

---

[1] Viki Baum (pravo ime Hevig Baum) (1888–1960), spisateljica rođena u Beču, kasnije američka državljanka. Njen roman *Ljudi u hotelu* (1929) postao je bestseler i bio adaptiran u uspešnu dramu (1930) i u film koji je bio ovenčan „*Oskarom*" (1932). *Ljudi u hotelu* prvo su se pojavili u nastavcima, u časopisu *Berliner Illustrierte Zeitung*, gde je Baum bila zaposlena. Roman je postigao ogromnu popularnost u Nemačkoj, i jedan je od najreprezentativnijih primera „grupnog" romana, u kojem se prepliću sudbine raznoraznih ljudi koji su se zatekli na jednom mestu. – (Prim. prev.)

za sklanjanje od hladnoće u razdraganost toplote ognjišta mikroskopske mister Siprijanove palate finoga jela i pića. Kod Harija se zimi dešava ludnica koja se razlikuje od ludnice tokom ostatka godine – puno je kao i uvek, ali za Božić lokal ne pripada Englezima i Amerikancima, već ekscentričnoj lokalnoj aristokratiji, bledim, ukicošenim mladim grofovima i škripavim princepesama, građanima čija noga ne prelazi tamošnji prag sve do oktobra, kad je već otišao i poslednji par iz Ohaja. Kod Harija sam svake noći trošio po devet ili deset dolara – na martinije i sendviče od škampa, i na prepune činije zelenih testenina prelivenih bolonjeze sosom. Premda moj italijanski nikad nije bio bogzna kakav, stekao sam puno prijatelja i mogao bih vam pričati o silnom ludom provodu (ali, kao što je govorio jedan moj stari poznanik iz Nju Orleansa: „Bejbi, ne teraj me da počinjem!").

Koliko se sećam, Pegi Gugenhajm[1] i Džordž Arvin bili su jedini Amerikanci koje sam sreo te zime, ovaj potonji bio je američki slikar, veoma talentovan, koji je izgledao kao plavokosi, kratko ošišani košarkaški trener; bio je zaljubljen u jednog gondolijera i godinama živeo u Veneciji sa gondolijerom i gondolijerovom ženom i decom (kad je ovaj aranžman nekako okončan, Arvin je prešao u italijanski manastir, gde je, kako mi rekoše, vremenom postao fratar.)

Sećate li se moje žene, Helge? Da nije bilo Helge i okolnosti da smo pravno vezani, možda bih se i oženio Gugenhajmovom, iako je možda bila trideset godina starija od mene. A i da sam to učinio, to ne bi bilo zato što me je zaintrigirala – uprkos njenoj navici da škljoca veštačkom vilicom, pa čak i uprkos činjenici da je u do-

---

[1] Nadimak Margarite Gugenhajm (1898–1979), kolekcionara umetničkih dela i glavnog mecene njujorškog umetničkog kruga, koji je uključivao Džeksona Poloka, Roberta Madervela, Marka Rotkoa i Hansa Hofmana. – (Prim. prev.)

broj meri izgledala kao dugokosi Beri Lar[1]. Bilo je prijatno provoditi venecijanske zime u masivnoj beloj *Palazzo dei Leoni*, gde je živela sa jedanaest tibetanskih terijera i škotskim batlerom koji je vazda putovao za London da se sastane sa ljubavnikom, ali poslodavka se nije žalila, budući da je bila snob, a pričalo se da je ljubavnik sobar princa Filipa; bilo je prijatno piti damino dobro crno vino i slušati je kako se naglas priseća svojih brakova i afera – zaprepastio sam se, kad sam čuo ime Semjuel Beket ubrojano među članove te žigolo-brigade. Teško je zamisliti čudniji spoj – bogata i belosvetska Jevrejka i monaški nastrojen autor dela kao što su *Moloa* i *Čekajući Godoa*. Sve to čoveka tera da malo *porazmisli* o Beketu – i o njegovoj pretencioznoj povučenosti, uzdržljivosti. Jer, siromašni pisari koji još nisu objavljivali, a Beket je u vreme ove veze bio jedan od njih, ne ljubavišu sa ružnim američkim nafatiranim naslednicama ukoliko na umu nemaju nešto više od ljubavi. Što se mene lično tiče, mislim da sam, bez obzira na sve moje divljenje prema njoj, bio dobrano zainteresovan za njene šuške, a jedini razlog s kojeg nisam jurnuo da pokušam da joj otmem jedan deo, bila je činjenica da me je taština bila pretvorila u običnu prokletu budalu; sve će biti moje onog dana kad *Besani milioni* budu štampani.

A to se nikad nije desilo.

Rukopis sam završio u martu i poslao kopiju mom agentu Margo Dajamond, ospičavom stručnjaku za neuspehe, ona me je bila preuzela na nagovor jedne druge svoje klijentkinje, Elis Li Lengman koju sam odavno odbacio. Margo mi je odgovorila da je podnela roman izdavaču moje prve knjige *Uslišene molitve*. „Međutim", napisala mi je, „to sam uradila samo iz učtivosti, a ako odbiju roman, bojim se da ćete morati da pronađete drugog agenta, budući da imam osećaj da nastavak naše saradnje nije u vašem interesu, ili u mom. Priznaću da je

---

[1] Istaknuti američki komičar. – (Prim. prev.)

na ovakav moj stav uticalo vaše ophođenje prema gospođici Lengman, neuobičajeni način na koji ste uzvratili na njenu darežljivost. Mada, da sam kod vas videla talenat koji se po svaku cenu mora podržati, ne bih dozvolila da me to pokoleba. Ali ne vidim ga i nikad ga nisam videla. Vi niste umetnik – a ako niste umetnik, onda bar morate pokazati da ste na putu da postanete vešt profesionalni pisac. Ali, vi pokazujete manjak discipline i doslednu nestalnost, što govori da je profesionalizam izvan vašeg domašaja. Zašto ne biste, dok ste još mladi, razmislili o nekoj karijeri drugačije vrste?"

Balava kučka! E (mislio sam), ala će joj biti žao! Čak i kad sam stigao u Pariz i u „Ameriken ekspresu" našao pismo kojim me izdavač obaveštava da odbija knjigu („Na žalost, smatramo da bismo vam učinili rđavu uslugu objavljivanjem vašeg majstorski realizovanog romanesknog debija *Besani milioni...*), pitajući šta da uradi sa rukopisom, čak i tada moja vera nije bila nimalo poljuljana: jednostavno sam pretpostavljao da sam, napustivši gospođicu Lengman, postao žrtva literarnog linča njenih prijatelja.

Bilo mi je, zahvaljujući raznim prevarama i štednji, ostalo četrnaest hiljada dolara, a da se vratim u Ameriku nisam hteo. Ali, izgledalo je da nema alternative, ne ukoliko sam želeo da *Besani milioni* budu objavljeni: sa ovakve udaljenosti i bez agenta, bilo je nemoguće marketinški gurati knjigu. A do poštenog i kompetentnog agenta teže je doći nego do uglednog izdavača. Margo Dajamond bila je među najboljima; sa personalom snobovskih magazina, kakav je, recimo, *Njujorška revija knjiga,* stajala je podjednako dobro kao i sa urednicima *Plejboja.* Možda je zaista mislila da sam netalentovan, ali zapravo je posredi bila ljubomora – jer je to njuškalo uvek želelo da dosegne vrh samo sa Li Lengmanovom. Bilo kako bilo, pomisao o povratku u Njujork naterala je moj stomak da se tetura i propada sa agresivnošću železnice u zabavnom parku. Činilo mi se da nikad ne bih mogao ponovo da uđem u taj grad, gde sada nisam imao nijednog prijatelja, a imao sam mnogo neprijatelja, osim ukoliko mi ne bi prethodili orkestri u defileu i konfete uspeha. Samo neko slabijeg ili jačeg karaktera nego što je moj mogao se vratiti oklembešenog repa, sa neprodatim romanom u ruci. Jedno od najpatetičnijih plemena planete, tužnije od gomile Eskima koji gladuju kroz zimsku, sedam meseci dugu noć, sastavljeno je od onih Amerikanaca koji odabiraju, iz taštine, ili iz tobožnjih estetskih razloga, ili zbog seksualnih ili finansijskih problema, karijeru ekspatrijacije. Sama činjenica da neko preživljava u inostranstvu, iz godine u godinu, od razvučenog proleća u Tarodonu u januaru, preko Tormine, Atine, do Pariza u junu, dovodi, sama po sebi, do osećaja superiornosti i izuzetnog podviga. To, zaista, i jeste podvig, ukoliko imate malo novca, ili je, kao što je to slučaj sa većinom Amerikanaca koji ga primaju putem uputnica, taj vaš novac „jedva dovoljan za preživljavanje". Ako ste dovoljno mladi, takav život možete podnositi nekoliko godina – ali oni koji mu teže i posle dvadeset pete, trideseta je limit, nauče da je ono što je delovalo kao raj tek puka dekoracija, zavesa koja, kad se podigne, otkriva trozupce i vatru.

Ipak, postepeno sam bio uvučen u ovaj jadni karavan, iako se to desilo pre no što sam shvatio šta se desilo. Leto je bilo počelo, a ja sam odlučio da se ne vraćam, već da pokušam da proguram knjigu šaljući je različitim izdavačima, moji dani sačinjeni od razornih glavobolja počinjali su s nekoliko pernoda na terasi *Deux Magots*-a; potom sam prelazio bulevar i odlazio u *Brasserie Lipp,* na *choucroute*[1] *i na pivo, puno piva, propraćenih sijestom u hotelu Quai Voltaire,* u mojoj lepoj sobi s pogledom na rečicu. Ozbiljno napijanje počinjalo je oko šest, kad sam uzimao taksi do „Rica", u čijem sam baru provodio ranovečernje časove, proseći martinije; ako tamo ne bih uspostavio neki kontakt, ukoliko ne bih izmamio poziv na večeru od nekog klozetskog pešovana ili, ponekad,

---

[1] Kiseo kupus (fr.). – (Prim. prev.)

od dve dame koje putuju zajedno, ili, možda, od naivnog para Amerikanaca, onda obično ne bih ni jeo. Cenim da sam, u nutricionističkom smislu, konzumirao manje od petsto kalorija dnevno. Ali, cirka, pogotovo odvratni baloni kalvadosa koje sam svake noći praznio u teskobnim senegalskim kabareima i barovima za prevarante, *La Fiacre*-u, *Mon Jardin*-u, *Madam Arthur*-u i *Boeuf-sur-le-Toit*-u, održavali su, bez obzira na moju raspadajuću unutrašnjost, moju dobro popunjenu i snažnu figuru. Ali uprkos vodopadima mamurluka i neprestanih slapova mučnine, imao sam čudan utisak da se prokleto dobro zabavljam, što je vrsta obrazovnog iskustva neophodna za umetnika – i istina je da su mnoge od osoba koje sam sreo tokom mojih lumperajskih rezanja izmaglice kalvadosa ostavile naškrabane trajne potpise na mojoj svesti.

Što nas dovodi do Kejt Meklaud. Kejt! Meklaud! Moja ljubav, moja muka, moj *Götterdämmerung,* moja lična Smrt u Veneciji, neizbežna, opasna poput egipatske naočarke na Kleopatrinim grudima.

U Parizu je zima bila na izmaku; vratio sam mu se nakon nekoliko nimalo treznih meseci u Tangeru, uglavnom kao stalan posetilac *La Parade*-a Džeja Hejzelvuda, bio je to elegantni lokalčić, vodio ga je ljubazni i visoki i nezgrapni tip iz Džordžije koji je stekao umereno bogatstvo, dostavljajući original-martinije i džambo hamburgere Amerikancima koji su čeznuli za domovinom; osim toga, cenjenijim članovima svoje inostrane klijentele, servirao je guzice arapskih momčića i cura – naravno, besplatno, na račun kuće.

Jedne noći sam za barom *Parade*-a, sreo nekoga ko će imati neizmeran uticaj na buduće događaje. Njegova plava kosa bila je zalizana, sa razdeljkom na sredini, kao na reklamama za tonik za kosu iz dvadesetih godina; bio je doteran, pegav, svežega tena; imao je dobar osmeh i zdrave zube, možda i nekoliko njih viška. Džepovi su mu bili puni kuhinjskih šibica, koje je stalno palio noktom palca. Imao je četrdesetak godina, Amerikanac, ali sa jednim od onih rascentriranih akcenata uobičajenih za ljude koji govore više jezika; to nije afektacija već više neka vrsta nedefinisane govorne mane. Kupio mi je par pića, malo smo se kockali; kasnije sam se kod Džeja Hejzelvuda raspitao o njemu.

„On je niko i ništa", rekao je Džej svojim obmanjljivim, crvena-glina otezanjem. „Zove se Ejsis Nelson."

„Ali, čime se bavi?"

Džej reče, i to krajnje svečanim glasom: „On je prijatelj bogatih."

„I to je sve?"

„Sve? Sereš?", reče Džej Hejzelvud. „Biti prijatelj bogatih, i živeti od toga makar jedan jedini dan, teži je posao od jednomesečnog rada dvadeset crnčuga robova okovanih u lance."

„Ali, kako to on živi od toga?"

Hejzelvud razrogači jedno oko, i zaškilji drugim – Diksi trgovac konjima – ali nisam ga zafrkavao: zaista mi nije bilo jasno.

„Vidi", reče on, „ima puno probnih riba kao što je Ejsis Nelson. Nije on ni po čemu poseban. Osim što je malo slađi od ostalih. Ejsis je okej. Komparativno. Dva, tri puta godišnje zapali do Tangera, uvek na nečijoj jahti; leta provodi seleći se s jedne jahte na drugu – 'Gaviota', 'Siesta', 'Kristina', 'Sestra Ana', 'Kreol', koje god da se setiš, on je bio na njoj. Ostatak godine provodi gore, u Alpima – Sent Moric ili Gštad. Ili na Antilima. Antigva. Lajford Kej. Sa svraćanjima u Pariz, Njujork, na Beverli Hils, Gros Point. Ali, gde god da se nalazi, uvek radi istu stvar. Proliva znoj da bi dobio svoju večeru. Igrajući igre – od ručka, pa dok se svetla ne pogase. Bridž. Džin. Koljač. Usedelica[1]. Bekge-

---

[1] „Džin", „koljač" i „usedelica" su nazivi kartaških igara. „Džin" je varijanta remija za dva igrača, koji se pokatkad igra uz kuckanje po stolu. „Koljač" se igra utroje, a „Usedelica" je jednostavna igra za koju se koristi špil sa jednom izbačenom kartom i u kojoj igrači sparuju karte. Poražen je onaj kome nesparena karta (obično dama) ostane u ruci. – (Prim. prev.)

mon.¹ Razdragan. Zubi mu svetlucaju. Uveseljava Gerijatriju prekookeanskih salona. Eto odakle mu novac za izlaske. Ostatak stiže od tucanja riba raznoraznih uzrasta i prohteva – bogatih sojki, čijim muževima je sasvim svejedno ko im obrađuje žene, sve dok to oni ne moraju da rade."

Džej Hejzlvud nikad nije pušio: žvakao je duvan, kao pravi sin džordžijskih brda. A sada je bljuvao smeđu reku u svoju specijalnu privatnu pljuvaonicu. „Težak posao? Znam šta pričam. Ja samo što nisam jebao kobre. Tako sam i stekao pezete da otvorim ovaj bar. Ali, to sam radio za svoje dobro. Da napravim nešto od *sebe*. A Ejsis – on je izgubljen u svom životu. Baš sada je ovde sa Babovom ekipom."

Tanger je belo parče kubističke skulpture izloženo na obronku neke planine okrenutom prema gibraltarskom zalivu. Sa vrha planine silazi se, kroz srednjeklasno predgrađe posuto ružnim mediteranskim vilama, do užarene mijazme preširokih bulevara i visokospratnica cementne boje, i do slabašnog lavirinta morskom obalom oivičene Kazbe. Osim onih čije je prisustvo bilo vezano za, po svoj prilici, zakonite poslovne ciljeve, praktično svaki stranac je boravio u Tangeru iz najmanje jednog od sledeća četiri razloga (ili možda zbog sva ta četiri razloga): lako dostupnih droga, pohotnih prostitutki adolescentskog uzrasta, rupa u zakonu, ili stoga što je bio do te mere nepoželjan da mu nijedno mesto severno od Port Seda ne bi dozvolilo da siđe iz aviona ili sa broda. To je dosadan grad, u kome su svi bitni rizici uklonjeni.

U to vreme Kazbom je vladalo petoro kraljeva – dva Engleza i tri Amerikanke. Eugenija Benkhed bila je jedna od žena – žena originalna isto koliko i njena sestra Talula, koja je napravila svoje sopstveno ludo sunce u sutonu luke. A Džejn Bouls, ta genijalna đavolica, ta

---

¹ „Bekgemon" je društvena igra za dve osobe u kojoj se bacanjem kocke odlučuje za koliko će se polja figurice pomeriti na posebnoj tabli, sastavljenoj iz dva dela.

nasmejana, smešna, samomučenica. Autorka zlokobno čudesnog romana, *Dve ozbiljne dame*, i jedne drame, *U letnjoj kući*, koja se može opisati na isti način, pokojna gospođa Bouls, živela je u Kazbi, u infinitezimalnoj kući, boravištu toliko malih razmera i toliko niskih plafona, da se u njemu bezmalo moralo puzati iz sobe u sobu; živela je sa svojom ljubavnicom Mavarkom, čuvenom Šerifom, grubom starom seljankom, koja je bila carica lekovitih trava i retkih začina na najvećem od otvorenih bazara Tangera – abrazivni karakter kojeg je samo krajnje duhovit i ekstremnom čudaštvu predan genije kakav je bila gospođa Bouls mogla trpeti. („Ali", rekla je Džejn uz heruvimski osmeh, „Ja stvarno volim Šerifu. Šerifa ne voli mene. Kako i može da me voli? Pisca? Obogaljenu jevrejsku devojčicu iz Ohaja? Jedino o čemu razmišlja jeste novac. Moj novac. Razmišlja o tome kako ga je malo. I o kući. I kako da dođe do te kuće. Najmanje dvaput godišnje ozbiljno pokušava da me otruje. I nemojte misliti da sam paranoidna. To je sušta istina.")

Kućica za lutke gospođe Bouls nalazila se na zadnjoj strani zazidane palate koja je pripadala trećoj genetski autentičnoj kraljici komšiluka, maharani iz petparačke radnje, Barbari Haton – ona je, citiram Džeja Hejzlvuda, bila Ma Barker Babove ekipe. Gospođica Haton, praćena privremenim muževima, momentalnim ljubavnicama i ostalima čije je zaduženje bilo nepoznato (ako su ga uopšte imali), obično je nekih mesec dana godišnje vladala svojom marokanskom vilom. Krhka, uplašena, retko je izbijala izvan njenih zidova; tek nekolicina lokalaca pozivano je da uđe unutra. Lutajuće siroče – danas Madrid, sutra Meksiko – gospođica Haton nikad nije putovala; samo je prelazila granice, nosajući četrdeset kofera i svoj inzularni *ambiente*.

„Ej, ti! Jesi li raspoložen za jednu žurku?" vikao je Ejsis Nelson; sa terase kafea u *Petit Socco*-u, ta terasa je bila trg Kazbe i salon pod vedrim nebom, uskomešan i otvoren od podneva do podneva; sad beše prošla ponoć.

„Vidi", reče Ejsis, koji nije bio navučen ni na šta, ali je bio „haj" zahvaljujući sopstvenoj smelosti; u stvari, pio je „arabe". „Imam poklon za tebe." Žonglirao je uskoprcanim ženskim kučencetom oblog stomaka, crnčugicom sa afro-frizurom i belim kolutovima oko oba velika uplašena oka – ličila je na pandu, na neku vrstu getopande. Ejsis reče: „Kupio sam je pre pet minuta od nekog španskog mornara koji je prolazio sa tom smešnom stvarčicom gurnutom u džep vindjakne. Izvirivala je unezverena glava. Video sam te divne oči. I te divne uši – znaš, jedno oklembešeno, a drugo načuljeno. Raspitao sam se, a on reče da ga je sestra poslala da to štene proda gospodinu Vuu, Kinezu koji jede pržene pse. Ponudio sam mu sto pezeta; i eto nas." Ejsis mi je tutnuo psića u ruku, pokretom prosjakinje iz Kalkute koja nudi ubogo dete. „Nisam ni shvatao zbog čega sam je kupio, sve dok nisam ugledao tebe kako ušetavaš u 'Soko'. Gospodin... Džouns? Nisam pogrešio? Evo, gospodine Džouns, uzmi je. Vi trebate jedno drugome."

Psi, mačke, deca, nikad nisam imao ništa što bi zavisilo od mene; i menjanje sopstvenih pelena oduzimalo mi je previše vremena. Zato rekoh: „Zaboravi. Daj je Kinezu."

Ejsis je srušio jedan kockarski pogled na mene. Postavio je štene na centar stola u kafeu, ono je tamo mirovalo za momenat, traumatično drhteći, a potom je čučnulo da piški. Ejsis! Ti kučkin sine. *Kaluđerice. Litice nad Sent Luisom*. Pokupio sam je, umotao u „Lanvin" maramu – davni poklon Denija Foutsa – i privio je uz sebe. Prestala je da drhti. Njuškala je, uzdisala, dremala.

Ejsis reče: „I, koje ćeš joj ime dati?"

„Džukela."

„O? Pošto sam vas ja združio, najmanje što možeš učiniti jeste da je nazoveš Ejsis."

„Džukela. Eto šta je ona. Baš kao i ti. Baš kao i ja. Džukela."

On se nasmeja. „*Alors*. Ali, obećao sam ti zabavu, Džouns. Gospođa Kerija Granta večeras brine o obilju. Biće to gnjavaža. Ali, nema veze."

Ejsis se Hatončici (Vinčelova[1] kovanica), makar i iza njenih leđa, obraćao kao „gospođi Kerija Granta": „Iz poštovanja, zaista. On je jedini od njenih muževa koji je zasluživao da to i bude. Obožavao ju je; ali, morala ga je napustiti: ona ne može verovati nijednom uvrnutom tipu, niti ga može razumeti, ukoliko taj tip nije tu da bi je opljačkao."

Senegalac, visok sedam stopa, u tamnocrvenom turbanu i beloj dželabi otvorio je gvozdenu kapiju; ulazilo se u baštu, gde je Judino drveće cvetalo u svetlosti fenjera i gde je hipnotički miris tuberoze protkao vazduh. Prešli smo u sobu, bledo živu od svetlosti proceđene kroz filigranske paravane od slonovače. Duž zidova su se pružale brokatirane klupe pretrpane luksuznim jastucima od brokata, limun svilenim, srebrnim, skerletnim. Bili su tu i divni mesingani stolovi, obasjani svećama i oznojenim šampanj-kofama; podovi, debeli od naslaganih ćilima koje su izradili tkači Feza i Marakeša, nalikovali su čudnim jezerima drevnih, komplikovanih boja.

Bilo je malo gostiju i svi su bili poslušni, kao da čekaju da se domaćica povuče, pa da se bace u veselu slobodu – represija slugu nad dvorjanima koji čekaju da se članovi kraljevske porodice izgube.

Domaćica se rastezala među jastucima, obučena u zeleni sari, sa niskom tamnih smaragda oko vrata. U očima joj se videla praznina, česta kod ljudi koji su puno vremena proveli u zatvorenom prostoru, i mineralizovana daljina, poput one u njenim smaragdima. Njeno čulo vida, ono što je njime odlučivala da gleda, bilo je

---

[1] Volter Vinčel (Walter Winchell) (1897–1972), američki novinar, koji je, zahvaljujući svojim kolumnama i radio emisijama, prepunim tračeva iz života poznatih ličnosti, stekao popularnost i značajan uticaj u SAD. – (Prim. prev.)

sablasno selektivno: videla me je, ali uopšte nije primetila psa kojeg sam nosio.

„O, Ejsis, dušo", rekla je bledo sitnim glasom. „Šta si sad našao?"

„Ovo je gospodin Džouns. Pi Bi Džouns, ako se ne varam."

„A vi ste pesnik, gospodine Džouns. Uvek znam kad je neko pesnik, pošto sam i sama jedan od njih."

Ipak je, na neki dirljiv, sparušen način, bila prilično lepa – tu lepotu kvarila je svojim nesigurnim balansiranjem na ivici bola. Prisetio sam se da sam u nekom nedeljnom dodatku pročitao da je kao devojka bila punija, da je bila debeljuca koju niko ne bira na igrankama i da je, na predlog nekog dijetetičara-pomodara, progutala jednu ili dve pantljičare; i sada bi, zbog te njene potpune izgladnelosti, zbog te paperjaste prozračnosti, čoveku padalo na pamet da se zapita ne stanuju li te pozamašne gliste još uvek u njoj, i ne otpada li na njih polovina njene sadašnje težine. Očigledno mi je nekako pročitala misli: „Nije li to šašavo. Toliko sam mršava da ne mogu da hodam. Kad god hoću da se pomerim, moraju da me nose. Zaista, volela bih da pročitam vaše pesme."

„Nisam ja pesnik. Ja sam maser."

Trgnula se. „*Modrice*. List padne na mene i već sam plava."

Ejsis reče: „Rekao si mi da si pisac."

„Pa, jesam. Bio sam. Neka vrsta pisca. Ali, izgleda da bolje masiram nego što pišem."

Gospođica Haton se konsultovala sa Ejsisom; činilo se da se došaptavaju očima.

„Možda bi on mogao pomoći Kejt", reče ona.

„Sprečava li te nešto da otputuješ odavde?", reče on, obraćajući se meni.

„Mogu da putujem. Skoro i da ne radim ništa osim toga."

„Kad bismo se mogli naći u Parizu?" upitao je, ovaj put oštro, na biznismenski način.

„Sutra."

„Ne. Iduće nedelje. U četvrtak. U baru hotela 'Ric'. Onom koji gleda na *Rue cambon*. U jedan i petnaest."

Bogata naslednica uzdahnu u brokate punjene guščijim perjem. „Jadni dečko", reče ona, tapkajući izvijenim, u prezrivu kajsijevu boju nalakiranim noktima po čaši šampanjca, dajući znak senegalskom slugi da želi da bude podignuta uz stepenice prekrivene plavim pločicama, u odaje osvetljene kaminima, gde je Morfej[1], uvek spreman na nestašluke kad je reč o pomamnim, uvređenim, a naročito moćnim i bogatim, razdragano čekao da počne da se igra žmurke.

Prodao sam safirski prsten, takođe poklon Denija Foutsa, koji ga je, opet, dobio za rođendan od svog grčkog princa, prodao sam ga Dinu, melezu koji je držao „Dinov bar", glavnog konkurenta *La Parade*-a u *haute monde* kolonijalnoj trgovini. Dao sam ga budzašto, ali uz njegovu pomoć sam odleteo u Pariz, a sa mnom i Džukela – strpana u punu torbu „Er Fransa".

U četvrtak, tačno u jedan i petnaest, ušetao sam u „Ric Bar", još uvek noseći Džukelu u njenoj platnenoj torbi, pošto nije htela da ostane u jeftinoj hotelskoj sobi u *rue du Bac* koju smo bili iznajmili. Zalizani i sjajno rasloloženi Ejsis Nelson čekao nas je za stolom u uglu.

Potapkao je psa i rekao: „E, pa, iznenađen sam. Zaista nisam očekivao da ćeš se pojaviti."

Sve što sam rekao bilo je: „Valjda nisam došao uzalud."

Džordž, glavni barmen u „Ricu", pravi je specijalista za daikiri. Naručio sam dupli daikiri, naručio ga je i Ejsis, i dok još nisu bili smućkani, Ejsis upita: „Šta znaš o Kejt Meklaud?"

---

[1] Morfej – sin Hipnosa (Sna) i Noći, božanstvo snevanja. – (Prim. prev.)

Slegnuh ramenima: „Samo ono što čitam u žutoj štampi. Veoma vešta s puškom. Nije li baš ona upucala belog leoparda?"

„Ne", reče on zamišljeno. „Bila je na safariju u Indiji, i upucala je čoveka zato što je ubio belog leoparda – srećom, pogodak nije bio fatalan."

Pića se pojaviše, popismo ih ne rekavši ništa jedan drugome, samo je Džukela povremeno kevtala. Dobar daikiri ima glatko opori i pomalo sladak ukus; loš je bočica kiseline. Džordž je znao tu razliku. Stoga naručismo još po jednu turu, a Ejsis reče: „Kejt ima apartman, ovde, u hotelu, i, kad popričamo, želim da odeš da se upoznaš s njom. Očekuje nas. Ali, najpre želim da ti kažem nešto o njoj. Želiš li sendvič?"

Naručili smo obične pileće sendviče, jedino su takvi postojali u „Ric baru" sa strane ulice Kambon. Ejsis reče: „Imao sam cimera u Čoutu – Harija Meklauda. Majka mu je bila iz Baltimora, a njegov otac je posedovao puno toga u Virdžiniji – posedovao je, recimo, veliko prostranstvo u Midlburgu, gde je uzgajao konje za lov. Hari je bio veoma žestok, veoma takmičarski nastrojen i ljubomoran momak. Ali nećeš čuti da se neko ko je bogat kao on, ko dobro izgleda, ko je atleta – nešto naročito žali. Svi su ga smatrali običnim momkom, izuzimajući jednu čudnu stvar – kad god bi momci počeli da se preseravaju o seksu, o devojkama koje su povalili ili su želeli da ih povale, i o sličnim stvarima, Hari je ćutao. Za dve godine, koliko smo stanovali zajedno, nikada se nije zabavljao sa devojkom, niti je ikada spomenuo neku devojku. Neki od momaka su govorili da je Hari možda peder. Ja sam znao da nije. Bila je to prava misterija. Najzad, nedelju dana pre maturske večeri, obeznanili smo se od piva – o, slatkih sedamnaest godina – i ja sam ga pitao da li će njegova familija doći na svečanost, a on je rekao: „Dolazi moj brat. I mama i tata." Onda ja rekoh: „Šta je s tvojom devojkom? A, zaboravio sam. Ti nemaš devojku." Pogledao me je najdužim mogućim pogledom, kao da pokušava da odluči da li da me udari ili da me ignoriše. Na kraju se nasmejao; bio je to najsvirepiji osmeh koji sam ikada video na ljudskom licu. Ne mogu to da objasnim, ali zaista me je ošamutio; zbog njega sam zaželeo da plačem. „Da. Imam devojku. Niko to ne zna. Ni njeni, ni moji matorci. Ali, mi smo se verili još pre tri godine. Kad napunim dvadeset jednu godinu, oženiću je. U julu ću napuniti osamnaest, pa bih tada mogao da je oženim. Ali, ne mogu. Ona ima samo dvanaest godina."

„Većinu tajni ne treba nikada ispričati, a naročito one koje su veća pretnja za slušaoca nego za onoga ko ih poverava; osećao sam da će me Hari optužiti zato što sam iznudio ovo priznanje iz njega ili, možda je bolje reći, zato što sam dopustio da do tog priznaja dođe. Ali, ono što je počelo nije se moglo zaustaviti. Pričao je nepovezano, na način opsednutih ljudi: devojčin otac, neki gospodin Muni, bio je irski imigrant, pravi močvarni pacov iz okruga Kildejr, priručni konjušar na Meklaudovoj farmi u Midlburgu. Devojka, radilo se o Kejt, bila je jedno od petoro dece, od pet devojčica koje su, izuzimajući najmlađu Kejt, bile rugobe. 'Kad sam je prvi put video – u stvari, primetio – imala je šest, sedam godina. Sva Munijeva deca imala su riđu kosu. Ali, *njena* kosa. Bez obzira na to što je bila kratka, kao u kakve muškobanje. Bila je veliki jahač. Umela je da podbode konja u skokove koji bi ti naterali srce da lupa. Imala je zelene oči. Ne *samo* zelene. Ne umem da ih opišem.'

Meklaud stariji je imao dva sina, Harija i mlađeg dečka, Vina. Oni su, međutim, oduvek želeli ćerku, i, malo-pomalo, bez ikakvog otpora od strane devojčine familije, primili su Kejt u glavno domaćinstvo. Gospođa Meklaud bila je obrazovana žena, lingvista, muzičar, kolekcionar. Davala je Kejt časove francuskog i nemačkog, učila ju je da svira klavir. Što je najvažnije, izbacila je sve 'jok'– ove i sve irsko iz Kejtinog vokabulara. Gospođa Meklaud ju je oblačila, a na odmore u Evropu sa porodicom je putovala i Kejt. 'Nikada nisam voleo nikoga osim nje.' To mi je Hari rekao. 'Pre tri godine sam je zaprosio, obećala je da se nikada neće udati za nekog drugog. Poklonio sam joj dijamanstki prsten. Bio sam ga ukrao iz babine kutije za nakit. Baba je zaključila da ga je izgubila. Čak je tražila odštetu na ime osiguranja. Kejt skriva prsten u sanduku.'"

Kad su sendviči stigli, Ejsis je svoj gurnuo u stranu, dajući prednost cigareti. Ja sam pola svog pojeo, a ostatkom nahranio Džukelu.

„Razume se, Hari Meklaud se nakon četiri godine oženio ovom izuzetnom devojkom, koja jedva da je imala šesnaest godina. Otišao sam na venčanje – ceremonija se održavala u anglikanskoj crkvi u Midlburgu – a mladu sam prvi put video dok se, idući ruku pod ruku sa svojim malim tatom-močvarnim pacovom, spuštala bočnom lađom crkve. Uistinu, bila je *neka vrsta nakaze*. Gracioznost, držanje, autoritet: zaista je, bez obzira na svoje godište, bila izvanredna glumica. Jesi li fan Rejmonda Čendlera, Džounse? O, dobro. Dobro. Mislim da je on veliki umetnik. Poenta je u tome da me je Kejt Muni podsetila na jednu od onih misterioznih, tajanstvenih i bogatih devojaka – heroina Rejmonda Čendlera. O, ali ona je bila mnogo profinjenija. Bilo kako bilo, Čendler je o jednoj od svojih heroina napisao sledeće: 'Ima ovakvih i onakvih plavuša.' To je tačno; ali je možda još tačnije ukoliko se primeni na riđokose. Sa riđokosima uvek nešto nije kako treba. Ili je kosa kovrdžava, ili joj je boja pogrešna, i suviše tamna i napadna, ili isuviše bleda i bolešljiva. A koža – ona ignoriše sile prirode: i vetar, i sunce, sve je obezbojava. Riđokosa devojka koja je zaista lepa ređa je od svršenog četrdesetokaratnog rubina boje golubije krvi – za ovo poređenje bi, zapravo, više odgovorao rubin s nekakvom greškom. No, ništa od ovoga nije se moglo reći za Kejt. Kosa joj je imala boju zimskog zalaska sunca, osvetljenog poslednjim bledim odzrakom. A jedina riđokosa žena čiji se ten mogao uporediti sa njenim bila je Pamela Čerčil. Međutim, Pem je Engleskinja, odrastala je u preobilju rosne engleske magle, koju bi svaki dermatolog trebalo da flašira.

Što se tiče njenih očiju, Hari Meklaud je bio potpuno u pravu. Oči su najčešće mit. Obično su sive, sivo-plave sa unutrašnjim zelenim treperenjima. Kad sam bio u Brazilu, na plaži sam upoznao dečaka svetle kože sa neznatno iskošenim, zelenim očima, kakve je imala Kejt. Kakvi su bili smaragdi gospođe Grant.
„Bila je savršena. Hari ju je obožavao; baš kao i njegovi roditelji. Prevideli su, međutim, jedan mali faktor – bila je prepredena, mogla je nadmudriti svakoga od njih, njeni planovi daleko su prevazilazili porodicu Meklaud. Odmah sam prepoznao tu njenu crtu. Pripadam istoj sorti, iako bih lagao ukoliko bih tvrdio da posedujem deseti deo Kejtine inteligencije."

Ejsis je prekopao džep od jakne, tragajući za šibicom; naglim trzajem palca upalio je još jednu cigaretu.

„Ne", reče Ejsis, odgovarajući na nepostavljeno pitanje. „Nisu imali dece. Godine su prolazile, svakog Božića dobio bih razglednicu od njih, obično je na slici bila Kejt koja elegantno sedi u sedlu, krećući u lov – Hari je držao dizgine u jednoj, a vojničku trubu u drugoj. Baber Hejden, tip kojeg smo znali sa Čouta, odjednom je iskrsnuo tokom jednog od onih brbljivih malih Džoe Olsop džordžtaunskih ručkova; znao sam da živi u Midlburgu, pa sam ga pitao za Meklaudove. Baber reče: 'Razvela se od njega – otišla je da živi u inostranstvu, pre neka tri meseca, rekao bih. Priča je užasna, ali ja znam tek njenu četvrtinu. Ono što znam jeste da su Meklaudovi odložili Harija u jedno od onih komfornih malih konektikatskih skloništa, sa stražarima na ulazu i s jakim rešetkama na prozorima.'

Biće da sam taj razgovor vodio početkom avgusta. Nazvao sam Harijevu majku – bila je na pijaci jednogodaca u Saratogi – i raspitao se o Hariju; rekoh da želim da ga posetim, a ona reče ne, to nije moguće, poče da plače, reče da joj je žao i spusti slušalicu.

E sad, desilo se da za Božić odem u Sent Moris; usput sam svratio do Pariza i nazvao Tuti Roksdžin, koja je godinama radila kao *vendeuse* kod Balensijage. Pozvao sam je na ručak, ona je pristala, ali je rekla da ćemo prvo morati da odemo do Maksima. Pitao sam je ne možemo li se naći u nekom mirnom bistrou, a ona reče ne, moramo da odemo do Maksima. 'Važno je. Videćeš i zašto.'

Tuti je rezervisala sto u prednjoj prostoriji i, nakon što smo popili po čašu belog vina, pokazala je jedan obližnji nezauzet sto, prilično razmetljivo postavljen za jednu osobu. 'Čekaj', rekla je Tuti. Ubrzo će za ovim stolom sedeti najlepša mlada žena, koja će biti potpuno sama. Kristobal je oblači poslednjih šest meseci. Misli da se od Glorije Rubio nije pojavilo ništa poput nje.' (Primedba: Madam Rubio, visoko-elegantna Meksikanka, koja je bila poznata po raznoraznim bračnim fazama, kao žena nemačkog grofa fon Firstenberga, egipatskog princa Fakrija i engleskog milionera Loela Ginisa) *'Le tout Paris* govori o njoj, a ipak, niko o njoj ne zna puno. Znaju samo da je Amerikanka. I da svaki dan ruča ovde. Uvek sama. Izgleda da uopšte nema prijatelja. A, gledaj. Evo je.'

Ona je, za razliku od svih ostalih žena u prostoriji, nosila šešir. Bio je to glamurozni crni šešir mekanog oboda, veliki, oblikovan poput muškog borsalina. Siva šifonska marama je labavim čvorom bila zavezana oko njenog vrata. Šešir, marama, to je bila drama; ostatak je bio maksimalno jednostavan, ali skockan na najbolji mogući način, od jakne obučene preko Balencijaginog crnog kostima od bombazina.

Tuti reče: 'Ona je iz nekog mesta na Jugu. Zove se gospođa Meklaud.'

'Gospođa Hari Klintona Meklauda?'

'Ti je znaš?', reče Tuti.'

'Trebalo bi', rekoh. Bio sam mladoženjin kum na toj svadbi. Fantastično. Za ime Boga, ona ne može imati više od dvadeset dve godine.'

„Zamolio sam kelnera da mi da papir i napisao poruku: 'Draga Kejt, ne znam da li me se sećaš, ali bio sam Harijev cimer u školi i kum na tvom venčanju. U

Parizu ostajem nekoliko dana i veoma bih voleo da se vidimo, ukoliko to želiš. Ja sam u hotelu *Loti*. Ejsis Nelson.'

„Tuti je bila i suviše fascinirana da bi se uvredila zbog toga što je bila izuzeta iz ovog poziva: 'Neću sad da te gnjavim, ali Ejsis, obećaj mi da ćeš mi pričati o njoj. Ona je najlepša žena koju sam ikada videla. Mislila sam da ima najmanje trideset godina. Zbog njenog *oka* – istinskog iskustva, ukusa. Ona je, pretpostavljam, jedna od onih kreatura bez godišta.'

I tako, kad je Tuti izašla, pridružio sam se Kejt, seo za njen osamljeni sto, pored nje, na crvenu klupu, a ona me je, na moje iznenađenje, poljubila u obraz. Pocrveneo sam od šoka i zadovoljstva, a Kejt se nasmejala – o, kakav ona osmeh ima; taj osmeh uvek me natera da pomislim na čašu brendija obasjanu vatrom kamina – nasmejala se i rekla: 'Zašto da ne? Prošlo je puno vremena od kada nisam poljubila muškarca. Ili razgovarala s nekim ko nije konobar, sobarica ili prodavac. Puno kupujem. Kupila sam dovoljno stvari za opremanje Versaja.' Pitao sam koliko je već dugo u Parizu, gde živi i kako živi. Rekla je da je u 'Ricu', da je u Parizu već skoro godinu dana: 'A što se tiče mojih svakodnevnih poslova – idem u kupovine, odlazim na probe modela, idem u sve muzeje i galerije, vozim se do Bulonja, čitam, spavam neverovatno mnogo, i svakog dana ovde ručam za ovim stolom: nije to naročito maštovito od mene, ali prija mi šetnja od hotela, a nema baš mnogo ugodnih restorana u kojima mlada žena može ručati sama, a da ne bude pomalo sumnjiva drugima. Čak i vlasnik ovog mesta, msje Vodabl – mislim da je i on u početku mislio da sam neka vrsta kurtizane'. 'Ali, takav život mora da je veoma usamljen', rekoh ja. 'Zar ne želiš da se viđaš sa drugim ljudima? Da promeniš nešto?'

'Da', reče ona. 'Volela bih da promenim liker koji pijem uz kafu. Volela bih neki za koji nisam čula. Imaš li neki predlog?'

I tako, opisao sam joj 'vervejn'; pomislio sam na njega zbog toga što je njegova boja identična boji njenih očiju. Spravlja se od milion čudnih planinskih trava. Nikad nisam naišao na njega izvan Francuske, izuzimajući nekoliko ovdašnjih mesta. Ukusan je; ali deluje snažno, poput loše mesečine. Popili smo par vervejna, i Kejt reče: 'Da, zaista. Ovo je stvarno nešto drugačije. Evo, daću ti ozbiljan odgovor, počinjem da osećam...pa ne baš dosadu, ali *iskušenje* svakako da: uplašena, ali dovedena u iskušenje. Kad dugo osećaš bol, kad se svakog jutra budiš sa narastajućim osećajem histerije, kad je ono što želiš dosada, maratonsko spavanje, tišina u tebi. Svi su želeli da odem u bolnicu; ja bih uradila sve da zadovoljim Harijevu majku, ali znala sam da nikada neću moći da živim, da nikada neću biti dovedena u *iskušenje*, ukoliko to ne pokušam da uradim podstaknuta sobom, a ne drugima.'

Odjednom rekoh: 'Da li dobro skijaš?' Ona reče: 'Mogla sam da skijam dobro. Ali, Hari me je stalno vukao na to užasno mesto u Kanadi. Grej Roks. Trideset ispod nule. Voleo ga je, jer su u njemu svi bili ružni. Ejsis, ovo piće je sjajno otkriće. Osećam odlučno topljenje u venama.'

Tada ja rekoh: 'Da li bi volela da zajedno sa mnom provedeš Božić u Sent Moricu?' Htela je da zna: 'Da li je to platonski poziv?' Zakleo sam se da jeste: 'Odsešćemo u *Palasu*. Na podovima, onoliko daleko jedno od drugog koliko to budeš želela.' Nasmejala se i rekla: 'Odgovor je da. Ali samo ako mi kupiš još jedan vervejn.'

To se dešavalo pre šest godina – Bože, koliko krvi je od tada proteklo ispod mosta. Ali, taj prvi Božić u Sent Moricu! Zaista, mlada gospođa Meklaud iz Midlburga, Virdžinija, bila je jedna od najvažnijih stvari koje su se desile u Švajcarskoj još od onda kad je Hanibal prešao Alpe.

U svakom slučaju, bila je sjajan skijaš – dobra koliko i Doris Brajner, Evgenija Nijarhos, ili Marela Anjeli:

Kejt, Evgenija i Marela postale su Bobsi trojke[1]. Svakog jutra odlazile su helikopterom gore, do kluba 'Korvilja', gde su ručale, i odakle bi, negde popodne, započele spuštanje. Ljudi su je voleli. Grci. Persijanci. Švabe. Žabari. Šah je neprestano tražio da ona prisustvuje njegovim svečanim ručkovima. Nije se radilo samo o muško--ženskim stvarima, čak su i njene velike rivalke, mlade lepotice poput Fione Tajsen i Dolores Ginis, reagovale toplo, i to zato što je Kejtin stav bio tako pažljivo korektan: nikada nije flertovala, a kad je dolazila na zabave, dolazila je i odlazila isključivo sa mnom. Nekoliko idiota mislilo je da se radi o romansi, ali oni pametniji su govorili, i bili su u pravu, da se labud s perjem kakvo je Kejtino nikad ne bi zamajavao sa sitnom propalicom kakva je Ejsis Nelson.

Nikada nisam želeo da postanem njen ljubavnik. Hteo sam da budem njen brat; možda, brat. Odlazili bismo na snežne šetnje belim šumama oko Sent Morica. Često je pričala o Meklaudovima, pominjala koliko su bili dobri prema njoj i njenim sestrama, ružnim Munijevkama. Izbegavala je izgovaranje imena Hari, a kada bi ga spomenula, učinila bi to ležernim tonom, koji je, ipak, bio obojen gorčinom – sve dok se, jednog popodneva, dok smo šetali oko zamrznutog jezera podno palate, jedan konj koji je, vukući saonice, prolazio pored nas, nije okliznuo, pao na led i polomio obe prednje noge.

Kejt je vrisnula. Taj se vrisak mogao čuti celom dužinom doline. Počela je da trči, i nabasala na još jednog

---

[1] Duhovita parafraza naslova dečjeg romanesknog ciklusa, „Bobsi blizanci" (Bobbsey twins) čiji je producent bio Edvard Stratemejer (Edward Stratemeyer, 1862–1930), autor popularne omladinske i dečje fikcije. Godine 1906. osnovao je Stratemejerov književni sindikat, koji se bavio izdavanjem omladinske literature, koju su pisali on i njegovi saradnici. Nakon njegove smrti, kompaniju je, uglavnom, vodila njegova ćerka, Herijet Stratemejer Adams (1893–1982), koja je pod pseudonimima napisala mnoštvo romana, između ostalih i veći deo ciklusa o blizancima Bobsi. – (Prim. prev.)

konja upregnutog u saonice koji je upravo bio zalazio za krivinu. Nije bila fizički povređena, ali je pala u histeričnu komu – bila je, praktično, bez svesti, sve dok je nismo odveli do hotela. Čekao nas je doktor kojega je bio pozvao gospodin Bedrat. Doktor joj je dao injekciju koja joj je, izgleda, povratila rad srca i izoštrila vid. Želeo je da iznajmi medicinsku sestru, ali ja rekoh ne, ja ću ostati s njom. Stavismo je u krevet, on joj dade još jedan *piqûre*[1] koji je izbrisao i poslednje tragove straha; tada sam shvatio da je ispod te uglađene površine oduvek plivalo uplašeno dete koje se davi.

„Prigušio sam svetlo, a ona reče molim te, ne napuštaj me, a ja rekoh ne, neću te napustiti, sedeću ovde, a ona reče ne, želim da legneš ovde na krevet, pored mene, ja legoh, i tako, držali smo se za ruke, a ona reče: 'Žao mi je. Sve je to zbog konja. Onog što je pao na led. Oduvek sam želela palomina[2], pa mi ga je pre dve godine gospodin Meklaud poklonio za rođendan, bila je to kobila – veliki lovac, veoma hrabra; nas dvoje smo se tako dobro zabavljali. Naravno, Hari ju je mrzeo; to je bio deo njegove ludačke ljubomore, prema meni je bio takav još dok smo bili deca. Jedanput, prvog leta nakon našeg venčanja, uništio je cveće koje sam posadila; najpre je rekao da je lisica izgazila cveće, a onda je priznao da je to njegovo maslo: rekao je da je bašta zaokupljala i suviše moje pažnje. Zbog toga i nije želeo da imamo bebu; njegova majka je stalno pokretala tu temu, tako da se jedne nedelje, za vreme ručka, u prisustvu čitave porodice, izdrao na nju: 'Želiš li crno unuče? Ili vi, narode, možda ne znate za Kejt? Jebe se s crncima. Odlazi u polja, izvaljuje se na leđa i jebe se sa crncima.' Išao je u pravnu školu u Vašingtonu i Liju, ali je izbačen zbog toga što se nije mogao koncentrisati ukoliko me ne

---

[1] Ubod (fr.) – (Prim. prev.)
[2] Konj zlataste dlake, bele grive i repa, obično ima bele belege na glavi i nogama. Odgajaju ga uglavnom u jugozapadnim delovima SAD. – (Prim. prev.)

drži pod prismotrom; otvarao je i čitao sva moja pisma pre no što bih uopšte mogla da ih vidim; prisluškivao je sve moje telefonske razgovore: uvek ste s druge strane žice mogli čuti njegovo tiho disanje. U to vreme već odavno nismo bili pozivani na zabave; nismo mogli da idemo čak ni u kantri klub – pijan ili trezan, Hari je bio spreman da udari nekoga, najčešće muškarca koji bi me zamolio za ples više od jedanput. Što je najgore – bio je uveren da imam aferu s njegovim ocem i s njegovim bratom, Vinom. Sto puta se desilo da me, usred noći, drmusa, da me budi; držeći mi nož pod grlom – govorio bi: 'Nemoj da me lažeš, droljo, kurvo, znam da se jebeš sa crncima. Priznaj, ili ću ti raseći vrat od uva do uva. Otfikariću ti glavu. Reci istinu. Vin je pravi pastuv, najbolji s kojim si ikada bila, a tata je isto veliki ždrebac.' Tako bismo ležali satima, Ejsis bi držao taj hladni nož na mom grlu. Gospođa Meklaud i svi ostali znali su za to; ali gospođa Meklaud bi zaplakala, preklinjala bi me da ne idem, bila je sigurna da će se Hari ubiti ukoliko odem. Onda se desilo to sa mojim palominom, sa Nani. Čak je i gospođa Meklaud morala da otvori oči kako bi videla dokle je stiglo Harijevo ludilo – ta luda ljubomora. Jer, evo šta je Hari uradio, otišao je do štale i pajserom polomio sve Nanine noge. Čak je i gospođa Meklaud videla da je sve besmisleno, da će me Hari ubiti, pre ili kasnije; zakupila je avion, otišli smo u San Veli, gde je ostala sa mnom onoliko dugo koliko je bilo potrebno da dobijem razvod po zakonima Ajdahoa. Divna žena; zvala sam je za Božić, bila je srećna što sam u Sent Moricu, što izlazim i viđam se s ljudima: želela je da zna da li sam srela neke interesantne muškarce. Kao da ću se ikada ponovo udati!'

„Ali, znaš", reče Ejsis, „ona se ipak udala. I to nakon manje od mesec dana."

Da: prisetio sam se gomile naslovnih strana na pariskim kioscima: *Štern, Pari Mač, Ela*.

„Naravno: udala se za..."

„Eksla Jegera. Za najbogatijeg čoveka Nemačke."

„A posle se razvela od Her Jegera?"
„Ne baš. To je jedan od razloga zbog kojih želim da se vidiš s njom. Nalazi se u prilično velikoj opasnosti. Treba joj zaštita. Treba joj i maser koji stalno može da putuje s njom. Treba joj neko ko je obrazovan. I prijatan."
„Ja nisam obrazovan."
Slegnuo je ramenima i bacio pogled na svoj sat.
„Mogu li sad da je pozovem i da joj kažem da krećemo gore, k njoj?"
Trebalo je da slušam Džukelu; cvilela je, kao da me upozorava. Ja sam, međutim, pustio da budem odveden kod Kejt Meklaud. Kod Kejt, za koju ću lagati, krasti, činiti zločine koji su me mogli, i koji me još uvek mogu odvesti na doživotnu robiju.

Promena vremena; pljuskovi – oživljavajući sprej za otklanjanje smrdljivog toplotnog talasa Menhetna. Što ne znači da postoji nešto što bi ikada moglo odagnati aromu suspenzora i lizola iz mog obožavanog *Y.M.C.A.* Spavao sam do podne, onda sam zvao „Samoposluživanje" kako bih otkazao angažman za šest popodne koji sam imao s nekom mušterijom smeštenom u „Jejl" klubu. Ali, kučka poljubljena suncem, zlatni Buč, reče: jesi li pošandrcao? Ta tezga vredi somića. Bendž Franklin, bez ikakvih problema." Pošto sam ja još uvek prigovarao („Stvarno, Buč, imam glavobolju od koje su mi poplavela jaja"), dao je slušalicu gospođici Self lično[1], a ona mi je dala pravu buhenvaldovsku, ilse-kohovsku[2] kritiku

---

[1] Neprevodiva igra reči; „self" je engleska zamenica koja ovde ima značenje „lično" („glavom i bradom"). Vlasnica firme za koju radi P. B. Džouns preziva se Self, a firma se zove „Selfservice" („Samoposluživanje") – (Prim. prev.)

[2] Ilse Koh (Ilsa Koch) (1906–1967), poznata po nadimku „Veštica iz Buhenvalda", supruga komandanta koncentracionog logora Buhenvald, poznata po svojoj perverznosti i okrunosti. Sakupljala je abažure, rukavice i omote za knjige, izrađene od istetovirane kože mrtvih zatvorenika. – (Prim. prev.)

(„A, tako? Želiš da radiš? Ne želiš? Diletanti nam ne trebaju!").

Okej, okej. Istуširao sam se, obrijao i stigao u „Jejl" klub, zakopčan do grla, potkresane kose, diskretan, ni debeo, ni ženskast, u dobu između trideset i četrdeset godina, solidno obdaren i lepih manira: baš kao što je mušterija poručila.

Izledalo je da je zadovoljan mnome; nije bilo nikakvih problema – posao obavljen u ležećem položaju, sklopljenih očiju, s vremena na vreme lažni, zahvalni groktaj koji u ljudskim fantazijama prethodi obaveznoj spazmi („Nemoj da prestaješ. Daj mi ga.")

„Patron" je, da upotrebim terminologiju gospođice Self, bio srdačan, proćelav, tvrd kao orah, čovek srednjih šezdesetih godina, oženjen, sa petoro dece i osamnaest unučića. Ostao je udovac, pa je, pre nekih deset godina, oženio svoju sekretaricu, dvadeset godina mlađu. Bio je penzionisani direktor osiguravajućeg zavoda, imao je farmu pored Lankastera, u Pensilvaniji, na kojoj je uzgajao stoku i „neobične ruže", iz hobija. Sve to mi je ispričao dok se oblačio. Svideo mi se, a ono što mi se najviše svidelo bilo je to što mi nije postavio nijedno pitanje o meni. Dok sam odlazio, dao mi je svoju vizit kartu (neuobičajeno za klijente „Samoposluživanja", koji su svesni potrebe za anonimnošću) i rekao da ga pozovem ukoliko ikada poželim da skinem prašinu ovog grada sa đonova: bio bih dobrodošao gost na farmama Eplton. Zvao se Rodžer W. Eplton, a gospođa Eplton, kako me je informisao, uz prijatan, sasvim nevulgaran mig, bila je žena puna razumevanja. „Elis je fina osoba. Ali nemirna. Puno čita." Na osnovu ovoga zaključih da predlaže trojku. Rukovali smo se – stisak mu je bio toliko mišićav da su mi zglavci trnuli celi minut – a ja obećah da ću razmisliti. Do đavola, valjalo je razmotriti tu mogućnost: stoka koja meandrira, zelene livade, ruže, odsustvo...

Sve te stvari! Udisanje mirisa đubriva. Asfiksija. Žalosno šljapšpljap tragajućih stopala. Na putu do „kuće", ha ha, kupio sam pintu džina po sniženoj ceni – to je ona vrsta ambrozije koja uspeva da zaguši močvaru u grlima beskućnika. Sabio sam je u dva gutljaja, a onda počeo da klimam glavom, počeo da se prisećam Denija Foutsa i da želim da strčim dole i nađem autobus, ekspresnu magičnu pečurku, iznajmljeni torpedo koji će me raketirati do kraja puta, brzo me popeti do te halkionske diskoteke: crnčuge-pederčići-i-košer kafe oca Flanegana.

Stop. Uradio si se, Pi Bi. Ti si luzer, glupa guzica i pijani luzer. I zato: laku noć. Laku noć, Volter Vinčele, gde god da je pakao u kome se pečeš. Laku noć, gospodine i gospođo Ameriko, i svi brodovi na moru – gde god da je to more u kojem tonete. I vrlo specijano laku noć tom mudrom osmogodišnjem filozofu Flori Rotondo. Flori – ovo stvarno mislim, dušo – nadam se da nikad nisi stigla do unutrašnjosti planete Zemlje, da nikad nisi otkrila uranijum, rubine i Neiskvarena Čudovišta. Iz sveg srca, iz onoga što je od njega ostalo, nadam se da si se preselila na selo i da tamo srećno živiš.

# II
# KEJT MEKLAUD

*Možda i jesam crna ovca, ali moji papci su od zlata.*

P. B. Džouns
dok je bio pod dejstvom

Ove nedelje moja sveta poslodavka, gospođica Viktorija Self, poslala me je na sedam „sastanaka" strpanih u tri dana, premda sam se izgovarao svim i svačim, od bronhitisa do gonoreje. A sad pokušava da me nagovori da se pojavim u porno filmu („Pi Bi. Slušaj, dušo. To je klasna produkcija. Sa scenariom. Može ti doneti dve stotine dnevno."). Ali ne želim da ulazim u sve to, trenutno ne želim.

U svakom slučaju, sinoć sam se osećao i suviše grozničavim, i suviše nemirnim da bih zaspao; bilo je nemoguće, jednostavno nisam mogao da ležim budan ovde, u mojoj toliko božanstvenoj Y.M.C.A. ćeliji i da slušam ponoćne prdeže i košmarno ječanje moga hrišćanskog bratstva.

I tako, odlučih da odšetam do Zapadne 42. ulice, koja se nalazi nedaleko odavde, i da pronađem neki film u onim celonoćnim filmskim palatama koje mirišu na amonijak. Beše prošlo jedan kad sam krenuo, a maršruta moje šetnje vodila me je kroz devet blokova Osme avenije. Prostitutke, crnci, Portorikanci, nekoliko belaca, zaista svi slojevi uličnog društva – raskošni Latino makroi (jedan je nosio beli šešir od lasičinog krzna i dijamantsku brazletnu), heroinski klimači glavom u ulazima zgrada, muški saletači, čiji najsmeliji deo čine Cigančići, Portorikanci i odbegli beli brđani bez škole, koji nemaju više od četrnaest, petnaest godina („Gospodine! Deset dolara! Vodi me kući! Tucaj me cele noći!") – kružili su trotoarima poput lešinara nad klanicom. Potom povremeno krstarenje murijaškog automobila, čiji su putnici bili nezainteresovani i ništa nisu videli, pošto su ranije videli sve pa su im oči postale sluzave od prizora.

Prošao sam pored *Zone Opterećenja*, SM bara na uglu Četrdesete i Osme, tamo se neka banda smejala, urlikala, šakali u kožnim jaknama i kožnim šlemovima su se tiskali, okružujući mladića kostimiranog potpuno isto kao i oni, koji je, izgubivši svest, ležao između ivičnjaka i trotoara, gde su svi njegovi prijatelji, kolege, mučitelji, nazovite ih kako hoćete, urinirali po njemu, zasipajući ga od glave do pete. Niko ništa nije primećivao; dobro, *primećivali su*, ali samo su malo usporavali hod; nastavljali su sa šetnjom – svi osim grupe ogorčenih prostitutki, crnih, belih, od kojih su bar polovina bile transvestiti i koje nisu prestajale da viču na urinatore („Prestanite! O, prestanite! *Pešovani!* Vi, prljavi pešovani!") i da ih šljepkaju torbicama – sve dok momci u koži nisu počeli da ih prskaju, pojačavajući svoj smeh, a „devojčice" u svojim pantalonama od streča i sa svojim nadrealističkim perikama (borovnica, jagoda, vanila, Afro-gold) potrčaše niz ulicu lepršajući guzama i vriskajući, ali sa uživanjem: „Pederi. Pešovani. Prljavi bedni pederi."

Na uglu ulice su oklevale, ne znajući da li da upadnu u reč propovedniku, ili nekom vajnom govorniku, koji je, poput isterivača đavola koji uništava demone, napadao publiku koja se menjala, ali čija ubogost se nije menjala, mornare, saletače, rasturače droge, prosjake, i „vajt treš" dečake, tek pristigle sa neke farme na autobuski terminal „Port Autoritija". „Da! Da!", vikao je propovednik, dok su treperava svetla hot dog štandova zelenela njegovo mlado, zategnuto, gladno, histerično lice. „Đavo živi u vama, vikao je svojim Oklahoma-glasom, trnovitim poput bodljikave žice. Đavo čuči, i deblja se hraneći se vašim ludilom. Neka ga svetlost Božija umori glađu. Neka vas svetlost Božja podigne na nebo."

„Ma nemoj?", viknu jedna od kurvi. „Nema tog Boga koji će podići nekoga ko je težak kao ti. Imaš previše govana u sebi."

Propovednikovo lice se iskrivi u ludačkoj ozlojeđenosti. „Ološu! Žgadijo!"

Glas mu odgovori: „Ućuti. Ne vređaj ih."

„Šta?", reče propovednik, ponovo vrišteći.

„Nisam bolji od njih. A ti nisi bolji od mene. Svi smo mi ista osoba." Odjednom shvatih da je glas moj, i pomislih ohoho, Isuse, dečko, počeo si da šašaviš, mozak ti izlazi kroz uši.

Zato sam požurio u prvu salu, ne trudeći se da primetim pano sa plakatima filmova koji se daju. U foajeu sam kupio tablu čokolade i kesu kokica s puterom – nisam bio jeo od doručka. Potom nađoh mesto na balkonu, što je bila greška, jer senke neumornih tragača za seksom krivudaju i lutaju baš između redova na balkonima ovakvih non-stop tržnih centara – upropašćene kurve, šezdesetogodišnjakinje i sedamdesetogodišnjakinje koji žele da vam ga izduvaju za dolar („Pedeset centi?"), muškarci koji istu uslugu nude besplatno, i oni drugi muškarci, ponekad prilično konzervativni direktorski tipovi, koji se, izgleda, specijalizuju u prilaženju brojnim dremljivim pijancima.

I tada sam na platnu ugledao Montgomerija Klifta i Elizabet Tejlor. *Američka tragedija*, film koji sam video najmanje dvaput, ne zbog toga što je nešto naročito veliki, ipak je vrlo dobar, naročito poslednja scena koja se upravo odmotavala: Klift i Tejlor stoje zajedno, razdvojeni šipkama zatvorske ćelije, ćelije smrti, jer Klift je samo nekoliko sati udaljen od pogubljenja. Klift, tada već poetična sablast u sivoj odeći smrti, i Tejlor, zanosna devetnaestogodišnjakinja, uzvišeno sveža poput jorgovana posle kiše. Tužno *Tužno*. Dovoljno da trgne suze iz Kaligulinog oka. Udavio sam se, ustiju punih kokica.

Film se završio, i odmah bio zamenjen *Red Riverom*, kaubojskom ljubavnom pričom u kojoj igra Džon Vejn i, još jednom, Montgomeri Klift. Bila je to Kliftova prva važna filmska uloga, uloga koja ga je načinila „zvezdom" i koje sam se, iz dobrog razloga, sećao.

Sećate li se Tarnera Boutrajta, pokojnog, ne previše žaljenog urednika onog magazina, mog starog mentora (i nepobedivog protivnika), dragog čoveka koga je Latinos, obeznanjen od droge, tukao dok mu srce nije stalo i dok mu oči nisu iskočile iz glave?

Jednog jutra, dok sam još uvek bio u njegovoj milosti, telefonirao mi je i pozvao me na večeru: „Mala zabava. Ukupno šestoro ljudi. Priređujem je u čast Montija Klifta. Jesi li gledao njegov nov film – *Red River*?," upitao je i krenuo da objašnjava kako poznaje Klifta dugo, još od onda kad je bio vrlo mlad glumac, *protégé* Lantsovih. „I tako," reče Bouti, „upitao sam ga da li želi da pozovem neku konkretnu osobu, a on je rekao da, Doroti Parker, oduvek je želeo da upozna Doroti Parker. O, Bože, pomislih – jer, Doti beše postala takav šljokadžija da nikad niste znali kad će joj lice pasti u supu. Međutim, pozvao sam je, a ona reče, o, biću *uzbuđena* ako dođem. Montija je smatrala najlepšim mladićem koga je ikada videla. 'Ali, ne mogu', rekla je, 'pošto sam već obećala da ću te večeri otići na večeru sa Talulom. A znaš kakva je ona, bacila bi me pod voz ukoliko bih pokušala da nađem neki izgovor.' I tako, ja rekoh slušaj Doti, daj da ja rešim problem: telefoniraću Taluli i pozvaću i nju. Tako je i bilo. Talula je rekla da će rado doći, d-d-dragi, ali, sprečava me samo jedna stvar – već je pozvala Estel Vinvud, da li bi mogla da dovede Estel?"

Pomisao da će se ove tri opasne dame naći u istoj prostoriji bila je opojna: Bankhed, Doroti Parker i Estel Vinvud. Bouti nam je zakazao u pola osam, imajući u vidu jednosatno ispijanje koktela pre večere, koju je pripremio sam – senegalska supa, kaserola, salata, raznorazni sirevi, sufle od limuna. Došao sam nešto ranije kako bih mu pomogao, ali on je bio smiren, u somotskoj jakni maslinaste boje, sve je bilo u redu, još je samo trebalo upaliti sveće.

Domaćin nam je sipao po jedan svoj „specijani" martini – džin rashlađen na nula stepeni kojem je dodata po jedna kapljica pernoa. „Nema vermuta. Samo malčice pernoa. Stari trik koji sam naučio od Virdžila Tompsona."

Pola osam je postalo osam; kad smo nasuli još po jedno piće, drugi gosti su kasnili više od sata, a Boutijeva ljupko istkana pribranost počela je da se raspliće; počeo je da gricka nokte – najnekarakterističniji znak zadovoljstva. U devet je eksplodirao: „Bože, shvataš li šta sam uradio. Ne znam za Estel, ali ostalih troje su pijanice. Pozvao sam tri alkoholičara na večeru! I jedan je dovoljno veliko zlo. A tek tri. Nikad se neće pojaviti."

Začulo se zvono na vratima.

„D-d-dragi..." Bila je to uzvrpoljena gospođica Bankhed, u kaputu od lasice, čija se boja poklapala sa bojom njene duge, sitno ondulirane kose. „Tako mi je žao. Za sve je kriv taksista. Odvezao nas je na pogrešnu adresu. Do neke bedne zgrade na Vest Sajdu."

Gospođica Parker reče: „Bendžamin Kac. Tako se zvao. Taksista."

„Grešiš, Doti", ispravi je gospođica Vinvud, dame odložiše kapute i Bouti ih uvede u svoju tamnu, viktorijansku gostinsku sobu, gde su cepanice veselo pucketale u mermernom kaminu. „On se zove Kevin O' Liri. Pati od teškog oblika irskog virusa. Zato i nije znao kud ide."

„Irski virus?", reče gospođica Bankhed.

„Piće, draga", reče gospođica Vinvud.

„A, piće", uzdahnu gospođica Parker. „To je baš ono što mi treba," premda je njen malko zaljuljani hod sugerisao da je još jedno piće baš ono što joj ne treba. Mis Bankhed naredi: „Burbon sa običnom vodom. I ne škrtari." Žaleći se na izvesnu *crise de foie*[1], gospođica Parker prvo odbi piće, a onda reče: „Pa, može jedna čaša vina."

---

[1] Kriza jetre (fr.) – (Prim. prev.)

Išpijuniravši me dok sam stajao kraj kamina, gospođica Bankhed naglo krenu napred; beše to mala žena, no, zahvaljujući svom režećem glasu i nepokorivoj vitalnosti, izgledala je poput amazonke. „I", reče, gledajući me izbliza i trep-trepćući, „je li ovo gospodin Klift, naša nova velika zvezda?"

Rekao sam ne, zovem se Pi Bi Džouns. „Ja sam niko. Ja sam prijatelj gospodina Boutrajta."

„Niste jedan od njegovih 'sestrića'?"

„Ne. Ja sam pisac, ili to bar želim da budem."

„Bouti ima tako mnogo sestrića. Pitam se gde li nalazi toliko njih. Bouti, prokletinjo, gde je moj burbon?"

Dok su gosti smeštali na Boutijeve divančiće postavljene konjskom grivom, zaključio sam da je od njih tri najupečatljivija Estel Vinvud, glumica koja se tada nalazila u ranim šezdesetim. Parkerova je izgledala kao žena kojoj biste odmah ustupili mesto u podzemnoj železnici, ranjivo, prevrtljivo, nesposobno dete koje je otišlo na spavanje i probudilo se četrdeset godina kasnije s naduvenim očima, veštačkim zubima i zadahom viskija. A Bankhedova – glava prevelika u odnosu na telo, stopala premala; u svakom slučaju, njeno prisustvo je bilo je i suviše snažno da bi ga soba zadržala u sebi: tražilo je publiku. Ali, gospođica Vinvud bila je egzotično stvorenje – zmijski vitka, uspravna poput upravnice privatne škole, sa ogromnim crnim slamnim šeširom širokog oboda koji tokom večeri nijednom nije skinula; taj je obod senčio biserno bledilo njenog nadmenog lica i skrivao, mada ne s velikim uspehom, pakost koja je slabom vatrom palila njene oči boje lavande. Pušila je cigaretu, a ispostavilo se da pali jednu za drugom, baš kao i gospođica Bankhed; kao i gospođica Parker.

Gospođica Bankhed zapali cigaretu žarom prethodne, i obznani: „Juče sam sanjala čudan san. Sanjala sam da se nalazim u londonskom 'Savoju' i da igram sa Džokom Vitnijem. Eto jednog privlačnog čoveka. Te velike crvene uši, te jamice na obrazima."

Gospođica Parker reče: „I? Šta je tu toliko čudno?"
„Ništa. Osim što na Džoka nisam mislila dvadeset godina. A onda ga, tog popodneva, ugledam. Prelazio je Pedeset sedmu ulicu, a ja sam je prelazila u suprotnom smeru. Nije se mnogo promenio – malo se udebljao i dobio podvaljak. Bože, što smo se dobro zabavljali dok smo bili zajedno. Vodio bi me na utakmice; i na trke. Ali, u krevetu nam nikada nije bilo dobro. Ista stara priča. Jednom sam otišla do psihoanalitačara i straćila pedeset dolara za sat vremena, pokušavajući da dokonam zašto sa svakim muškarcem koga stvarno volim, za kojim sam stvarno luda, ne mogu da profunkcionišem u tom smislu, a ovamo me nekakav scenski radnik, neko do koga mi uopšte nije stalo, može opustiti."

Bouti se pojavio sa pićem; gospođica Parker isprazni svoju čašu jednim brzim gutljajem, a onda reče: „Zašto, jednostavno, ne doneseš flašu i staviš je na sto?"

Bouti reče: „Nije mi jasno šta se zbiva s Montijem. Bar je mogao da nazove."

„Mjau! Mjau." Mjauk je bio propraćen zvukom noktiju koji grebu ulazna vrata. „Mjau!"

„*Pardonnez-moi, señor*", reče mladi gospodin Klift, upade u sobu, i pridržavajući se, zagrli Boutija. „Prespavljivao sam mamurluk." Već na prvi pogled bi se moglo reći da ga nije prespavao u dovoljnoj meri. Kad mu je Bouti ponudio martini, primetio sam da su mu ruke drhtale dok se borio da ga uhvati.

Ispod izgužvanog mantila nosio je sive flanelske pantalone i sivu rolku; imao je čarape od argila i mokasine. Šutnuo je cipele i čučnuo na stopala gospođice Parker.

„Od svih vaših priča koje volim, najviše volim onu o ženi koja čeka da joj zazvoni telefon. Čeka na momka koji je želeo da zakaže sastanak sa njom. I stalno izmišlja razloge zbog kojih on ne zove i pronalazi izgovore kako ga sama ne bi nazvala. Znam sve o tome. Proživeo sam to. A ona druga priča – 'Velika plavuša' – u kojoj žena guta sve te pilule, ali ne umire, već se budi i nastavlja da živi. Au, ne bih voleo da mi se to desi. Poznajete li nekoga kome se desilo?"

Gospođica Bankhed se nasmeja. „Naravno da poznaje. Doti stalno guta pilule i seče vene. Sećam se, jednom sam je posetila dok je ležala u bolnici, i gležnjevi su joj bili bandažirani ružičastim trakama na kojima su se nalazile dražesne male ružičaste mašnice. Bob Benčli kaže: „Ako ne prestane s tim, Doti će se, danas-sutra, povrediti."

Gospođica Parker se požali: „Nije to rekao Benčli, nego ja. Rekla sam: ako ne prestanem ovo da radim, jednog dana ću se povrediti."

Tokom sledećih sat vremena Bouti se gegao između kuhinje i gostinske sobe, donoseći još i još pića, tugujući za svojom večerom, naročito za kaserolom, koja se sušila. Već je bilo prošlo deset kad je nagovorio ostale da se okupe oko trpezarijskog stola, ja sam pomogao sipajući vino, po svoj prilici jedinu prehrambenu namirnicu koja je nekoga mogla zainteresovati: Klift je spustio cigaretu u svoju netaknutu činiju i inertno zurio u prostor, kao da glumi kontuzovanog vojnika. Njegovi prijatelji su se pretvarali da ne primećuju, a gospođica Bankhed nastavi meandrirajuću anegdotu („Bilo je to kad sam imala kuću na selu, Estela je odsela kod mene, protezali smo se na poljani i slušali radio. Bio je to portabl radio, jedan od prvih koji su napravljeni. Odjednom se oglasio spiker; rekao je da nastavimo sa slušanjem, jer nas očekuje važno obaveštenje. Ispostavilo se da je reč o otmici koja se desila u domu Lindbergovih[1].

---

[1] Lindberg, Čarls Augustus (1902–1974), američki pilot, jedna od najznamenitijih figura u istoriji aeronautike, upamćen po prvom neprekidnom solo-letu preko Atlantika, od Njujorka do Pariza, 20. i 21. maja 1927. Marta 1932. Lindbergov dvogodišnji sin, Čarls Augustus Junior, kidnapovan je iz njihovog doma blizu Houpvela, Njujork, i ubijen. Delom zbog Lindbergove velike popularnosti, ovo je postao najpoznatiji zločin tridesetih i sve do aprila 1936, kad je Bruno Ričard Hauptman pogubljen zbog ubistva i otmice, nije silazio sa novinskih stranica. – (Prim. prev.)

Neko se uz pomoć merdevina popeo u spavaću sobu i ukrao bebu. Kad se vest završila, Estel je zevnula i rekla: „Pa, Talula, ovog puta smo se izvukle!"") Dok je govorila, gospođica Parker je uradila nešto krajnje čudno i izazvala opštu pažnju; čak je i gospođica Bankhed ućutala. Sa suzama u očima, gospođica Parker je dodirivala Kliftovo hipnotizovano lice, njeni zdepasti prsti nežno su prelazili duž njegove obrve, njegove jagodične kosti, njegovih usana, brade.

Gospođica Bankhed reče: „Do đavola, Doti. Šta misliš, ko si? Helen Keler?[1]"

„Tako je lep", promrljala je gospođica Parker. „Senzibilan. Tako fino izrađen. Najlepši mladić koga sam ikada videla. Šteta što je kurcolizac." A potom, slatko, razrogačenih očiju sa naivnošću devojčice, reče: „O. O Bože. Jesam li rekla nešto pogrešno? Mislim, on je kurcolizac, zar ne Talula?"

Gospođica Bankhed reče: „Pa, d-d-draga, s-s-stvarno ne bih znala. Nikad nije lizao *moj* kurac."

Nisam mogao da držim otvorene oči; bilo je veoma dosadno, *Red River*, i miris klozetskog dezinfekcionog sredstva opijali su me kao hloroform. Trebalo mi je piće, našao sam ga u irskom baru na uglu Trideset osme ulice i Osme avenije. Bližio se fajront, ali džuboks je još uvek radio, a neki mornar je igrao, sasvim sam. Naručio sam trodupli džin. Dok sam otvarao novčanik, ispala mi je jedna kartica. Bela vizitkarta sa imenom nekog čoveka, adresom i telefonskim brojem: Rodžer Dabju. Farme Ejplton, Poštanski fah 711, Lankaster, Pensilvanija. Tel: 905-537-1070. Zurio sam u karticu, pitajući se kako sam došao do nje. Ejplton? Dugačak, gutljaj džina razbistrio mi je memoriju. Ejplton. Naravno. Imali smo klijenta „Samoposluživanja", jednog od malobrojnih kojih se

---

[1] Helen Keler (1880–1968) – američki pedagog i autor nekoliko knjiga. Bila je slepa i gluva. Njen metod rada predstavlja značajan napredak u edukaciji hendikepiranih osoba. – (Prim. prev.)

prisećam sa zadovoljstvom. Zajedno smo proveli sat vremena u njegovoj sobi u „Jejl" klubu; stariji čovek ogrubelog lica, snažan, dobro građen, sa stiskom ruke kojim bi vam stvarno lomio kosti. Simpatičan momak, veoma otvoren – rekao mi je dosta o sebi: kad mu je umrla prva žena, oženio je mnogo mlađu ženu, s kojom je živeo na brežuljkastoj farmi, napunjenoj voćnjacima, tumarajućim kravama i uskim, divljim potocima. Dao mi je svoju vizitkartu i rekao da ga u bilo koje doba pozovem i posetim ga. Uhvaćen u zagrljaj samosažaljenja, ohrabren alkoholom, i potpuno nesvestan činjenice da je oko tri ujutro, zamolio sam barmena da mi rasitni pet dolara na novčiće od dvadeset pet centi.

„Žalim, sinko. Ali, zatvaramo."

„Molim vas. Hitno je. Moram da obavim međugradski razgovor."

Dok je brojao novac, rekao je: „Bez obzira ko je ona, nije vredna ovoga."

Pošto sam okrenuo broj, telefonista je zatražio dodatnih četiri dolara. Telefon je zazvonio pet-šest puta pre nego što se javio ženski glas, dubok i spor od sna.

„Halo. Da li je tu gospodin Ejplton?"

Oklevala je. „Jeste. Ali spava. Ali, ako je nešto važno..."

„Ne. Nije ništa važno."

„Mogu li da pitam ko zove?"

„Samo mu recite... samo mu recite da je zvao prijatelj. Njegov prijatelj sa druge obale reke Stiks."

Ali, da se vratim onom zimskom popodnevu u Parizu kad sam prvi put sreo Kejt Meklaud. Bili smo tamo, nas troje – ja, moj mali džukac, Džukela, i Ejsis Nelson, i zajedno smo glavinjali po jednom od onih malih „Ricovih" liftova obloženih svilom.

Odvezli smo se do poslednjeg sprata, iskrcali se tamo i, dok smo šetali hodnikom oivičenim starim sanducima sa parobroda, Ejsis reče: „Naravno, njoj nije poznat razlog zbog kojeg te dovodim ovamo..."

„Kad smo već kod razloga, on ni meni nije poznat!"
„Rekao sam samo da sam našao jednog divnog masera. Znaš, poslednje godine pati od oboljenja kičme. Išla je od doktora do doktora, ovde i u Americi. Neki kažu da se radi o iščašenju pršljena, ili kičmenom srastanju, ali većina se slaže da je uzrok psihosomatski, *maladie imaginaire*. Ali, problem je..." Glas mu je lebdeo.
„Problem je?"
„Ma, ispričao sam ti. Baš sada. Dok smo pili u baru."
Segmenti našeg razgovora ponovo su zaigrali u mojoj glavi. Kejt Meklaud je trenutno proterana žena Eksla Jegera, nemačkog industrijalca i, navodno, jednog od najbogatijih ljudi na svetu. Pre toga se, sa šesnaest godina, udala za sina bogatog uzgajivača konja iz Virdžinije za koga je njen otac Irac radio kao trener. Taj je brak završio na dobro utabanom tlu mentalne svireposti. Nakon toga se preselila u Pariz, i kroz koju godinu postala boginja modne štampe; Kejt Meklaud u lovu na medvede na Aljasci, na safariju u Africi, na balu Rotšildovih, na Grand Priju sa princezom Grejs[1], na jahti sa Stavrosom Nijarhosom[2].

„Problem je..." spetlja se Aleks. „Tačno je ono što sam ti rekao, ona je u opasnosti. I, potreban joj je... pa, neko ko će biti pored nje. Telesna straža."

„Do đavola, zašto joj, jednostavno, ne bismo prodali Džukelu?"

„Molim te", reče on. „Ovo nije za šalu."

[1] Grejs Keli (1929–1928), američka filmska i televizijska glumica, poznata kao dama veličanstvene lepote i otmenosti. Glumila je u jedanaest igranih filmova pre nego što je napustila filmsku karijeru zbog udaje za princa Renijea od Monaka 1956. – (Prim. prev.)

[2] Nijarhos Stavros (1909), grčki brodski magnat i kolekcionar umetnina. Njegova filozofija se sastojala u kupovini i gradnji velikih brodova. Mnogi od njegovih supertankera (25000 tona i više) postigli su svetske rekorde u veličini i nosivosti. Godinama je posedovao najveću privatnu flotu na svetu, a među njegove najoštrije konkurente ubrajali su se njegov

Ovo su bile najistinitije reči koje je stari Ejsis ikada izgovorio. Samo da sam mogao pretpostaviti u kakav me je lavirint uveo kad je crnkinja otvorila vrata. Nosila je elegantni crni kostim s pantalonama i mnogo zlatnih lanaca oko vrata i gležnjeva. Usta su joj takođe bila puna zlata; zubalo joj je manje ličilo na zube, a više na investiciju. Imala je kovrdžavu belu kosu i okruglo, nenašminkano lice. Da su me pitali koliko ima godina, rekao bih četrdeset pet, četrdeset šest; kasnije sam saznao da je dete– nevesta.

„Korina!" uzviknu Ejsis i poljubi ženu u oba obraza.

„*Comment ça va?*"

„Nikad se nisam osećala bolje, a nikad nisam imala manje."

„Pi Bi, ovo je Korina Benet, potrčko gospođe Meklaud. Korina, ovo je gospodin Džouns, maser."

Korin klimnu glavom, ali oči joj se zadržaše na psu kojeg sam smotao pod miškom. „Ono što želim da znam jeste: ko je taj pas? Nije poklon za gospođicu Kejt, nadam se. Pominje nabavku novog psa, odonda kad je Feba –"

„*Feba?*[1]"

„Morala je da je se otarasi. Baš kao što će jednog dana uraditi sa mnom. Ali *njoj* to ne pominjite. Opet će eksplodirati. Imajte milosti, nikad nisam videla odraslu osobu da tako gorko plače. Hajde, ona vas čeka." A onda, utišavši glas, dodade: „Ona madam Apfldorf je sa njom."

Ejsis napravi grimasu; pogledao me je kao da će progovoriti, ali nije bilo potrebe; prelistao sam dovoljno

---

šurak, Aristotel Onasis, i tast, Stavros Livanos. Nijarkos je, osim toga, stekao reputaciju umetničkog mecene i kolekcionara. Godine 1957. kupio je umetničku kolekciju Edvarda Džej Robinsona za više od 2 i po miliona dolara i postao vlasnik nekih El Grekovih, Van Gogovih, Renoarovih i Sezanovih dela. – (Prim. prev.)

[1] Feba – jedna od titanki u grčkoj mitologiji, ćerka Urana i Geje. – (Prim. prev.)

„Vogova" i „Pari-mačeva" da bih znao ko je Perla Apfldorf. Žena vrlo rasističkog južnoafričkog tajkuna, figura svetskog miljea, koliko i Kejt Meklaud. Brazilka, a bliski prijatelji – premda sam to otkrio kasnije – zvali su je Crna Kneginja, sugerišući da njeno poreklo nije čisto portugalsko, kako je tvrdila, već da je ona dete favela Rija, rođeno sa prilično malo tamnog pigmenta, što, ukoliko je istina, pre predstavlja šalu na račun hitlerovskog Her Apfldorfa.

Apartman se priljubio uz nastrešnicu hotela; svim so bama su dominirali veliki, obli prozori s pogledom na *Place Vendôme* i sve su one bile identične veličine; isprva su korišćene kao jednokrevetne sobe za poslugu, ali Kejt Meklaud je spojila šest soba i svaku dekorisala za određenu namenu. Efekat se, sve u svemu, sveo na železničke kupee u luksuznoj kući za izdavanje.

„Gospođice Kejt? Gospoda su stigla."

I, magijom se nađosmo u spavaćoj sobi Kejt Meklaud.

„Ejsis. Anđele." Sedela je na ivici kreveta i četkala kosu. „Hoćete li malo čaja? Perla ga pije. Ili likera? Ne? Onda ću ja. Korina, hoćeš li mi doneti kap vervejna? Ejsis, zar me nećeš upoznati s gospodinom Džounsom? Gospodin Džouns", poverila se madam Apfldorf, posađenoj u stolicu pored kreveta, „isteraće demone iz moje kičme."

„Pa", reče madam Apfldorf koja je zalizala svoju kao vrana crnu kosu, glasom nalik na graktanje vrane, „nadam se da je bolji od onog malog japanskog sadiste Mone kojeg su mi poslali. Nikad više neću verovati Moni. Niti sam mu ikada verovala. Nećeš verovati šta se desilo! Naterao me je da legnem gola na krevet i onda mi je, golim stopalima, stao na vrat, šetao uz i niz moja leđa, zapravo igrao. *Agonija*."

„O, Perla", reče Kejt Meklaud sažaljivo. „Šta ti znaš o agoniji? Upravo sam provela nedelju dana u Sent Moricu, a nisam ni videla skije. Uopšte nisam napuštala sobu, izuzev kad bih otišla do Hajnija. Nije li divan?"

„To je sin gospođe Meklaud", objasni Ejsis, pokazujući mi uramljenu fotografuju: svečano dete bucmastih obraza, ušuškano šalovima, bundom i krznenim šeširom, sa grudvom snega u rukama. I tada primetih, da su svuda po sobi poređane desetine slika istog dečaka u raznim uzrastima.

„Divan je. Koliko mu je godina?"

„Pet. Dobro, imaće pet u aprilu." Nastavila je da četka kosu, ali oštro, destruktivno. „Bila je to noćna mora. Ni jednom mi nije dopušteno da ga vidim samog. Dragi ujka Frederik i voljeni ujka Oto. Dve usedelice. Uvek su bili tamo. Posmatrali su. Brojali su poljupce, spremni da pokažu vrata kad istekne mojih sat vremena." Bacila je četku u drugi kraj sobe, što je nateralo Džukelu da zalaje. „Moje detence."

Crna Kneginja pročisti grlo; zvučalo je to kao krkljanje gavrana. Reče: „Kidnapujmo ga."

Kejt Meklaud se nasmeja i sruči se na gomilu „Portholt" jastuka. „Mada, čudno je da si ti druga osoba koja je to rekla ove nedelje." Upalila je cigaretu. „Nije sasvim tačno da uopšte nisam izlazila u Sent Moricu. Jesam. Dvaput. Jednom na večeru upriličenu za šaha, a drugi put na neku ludu terevenku koju je Mingo napravio u Kings Klubu. I, srela sam tu izuzetnu ženu –"

Madam Apfldorf reče: „Je li Dolores bila tamo?"

„Gde?"

„Na šahovoj zabavi."

„Bilo je tako mnogo ljudi, ne mogu da se setim. Zašto?"

„Ništa. Neke glasine. Ko je napravio zabavu?"

Kejt Meklaud slegnu ramenima. „Jedan od Grka. Livanos, mislim. A posle večere Njegovo Veličanstvo izvelo je svoj stari podvig: zadržao je sve za stolom i pričao neukusne viceve. Na Francuskom. Engleskom. Nemačkom. Persijskom. Svi su urlali od smeha, iako nisu razumeli ni reč. Bolno je gledati Fara Dibu; ona stvarno crveni –"

„Izgleda da se nije mnogo promenio od onda kad smo bili školski drugovi u Gštadu. Le Rosi."

„A pored mene je sedeo Nijarhos, što mi nije nimalo pomoglo. Količina konjaka koju je imao u sebi sredila bi i nosoroga. Zurio je u mene, veoma ratoborno, i rekao: 'Gledaj me u oči'. E, nisam mogla da ga gledam, pošto su mu oči bile ukrštene. 'Gledaj me u oči i reci mi šta te čini najsrećnijom na svetu?' Spavanje, rekla sam mu. Rekao je: 'Spavanje. To je najtužnija stvar koju sam ikada čuo. Imaćeš hiljade godina za spavanje. A, reći ću ti kad sam ja najsretniji. Kad lovim. Kad ubijam. Kad se šunjam džunglom u potrazi za tigrom, slonom, lavom kojeg ću ubiti. Onda sam miran čovek. Srećan. Šta kažeš na to?' Ja rekoh: 'To je najtužnija stvar koju sam ikada čula. Ubijati i uništavati, to mi izgleda suviše patetično da bi se nazvalo srećom.'"

Crna Kneginja sagnu glavu, slažući se: „Da, Grci imaju mračne umove. Bogati Grci. Slični su ljudima isto onoliko koliko su kojoti slični psima. Kojoti liče na pse; ali, naravno, oni nisu psi –"

Ejsis je ubacio svoj komentar: „Ali, Kejt, ti voliš da loviš. Kako to objašnjavaš?"

„U lovu volim da se *igram*. Volim šetnju i divljinu. Jedini kojeg sam ubila bio je Kodiak medved, i to u samoodbrani."

„Pucala si u čoveka", podseti je Ejsis.

„Samo u noge. Ali, on je zaslužio. Ubio je belog leoparda." Korin se pojavi sa malom čašom vervejna, Ejsis je bio u pravu – liker se savršeno slagao sa ultra zelenilom njenih očiju. „Ali, počela sam da vam pričam o toj neverovatnoj ženi koju sam srela na Mingovom fandangu. Sela je pored mene, i rekla: 'Zdravo, medena. Čujem da si i ti devojka sa Juga. Ja sam iz Alabame. Ja sam Virdžinija Hil.'

Ejsis reče: „*Ona* Virdžinja Hil[1]?"

---

[1] Devojka Bagzija Sigela (1906–1947), njujorškog i kalifornijskog gangstera koji je bio vlasnik ogromnog lanca kockarnica i inicijator mafijaškog sindikata. – (Prim. prev.)

„Pa, nisam znala da je toliko poznata, sve dok mi Mingo nije rekao. Ja nikad nisam čula za nju."

„Ni ja", reče madam Apfldorf. „Ko je ona. Glumica?"

„Gangsterska cura", objasni joj Ejsis. „Najtraženija Žena. *FBI* je prilepio njene slike u svakoj pošti Amerike. Čitao sam članak o njoj, zvao se 'Madona podzemnog sveta'. Svi je jure, ne samo *FBI*, već i većina njenih drugara gangstera: računaju da bi, ukoliko je *FBI* ikada uhvati, mogla previše ispričati. Kad su stvari postale preguste, pobegla je u Meksiko i udala se za nekog Austrijanca, instruktora skijanja; otada je šćućurena u Austriji i Švajcarskoj. Amerikanci nikad nisu uspeli da izdejstvuju njenu ekstradiciju."

„*Mon Dieu*", reče Madam Apfldorf, stavljajući na sebe znak krsta. „Ona je sigurno vrlo uplašena žena."

„Nije uplašena. Očajna je, čak možda i suicidalna; no, nosi masku žovijalnosti na krajnje uverljiv način. Stalno me je grlila, stiskala i govorila: 'Stvarno je dobro razgovarati sa nekim iz zavičaja. Do đavola, možeš uzeti celu Evropu i nabiti je u svoje dupe. Vidiš moju ruku?' Pokazala mi je ruku; bila je zavijena flasterima i gazom, a ona reče: 'Uhvatila sam muža u krevetu s jednom od onih kuco-maco kurvi, i slomila sam joj vilicu. Slomila bih i njegovu. Da nije iskočio kroz prozor. Pretpostavljam da su vam poznate moje prekookeanske nevolje; ali, ponekad imam osećaj da je bolje da odem kući i završim stvar. Tamo ne mogu biti veći zatvorenik nego što sam ovde.'"

Ejsis reče: „Ali, kako, zapravo, izgleda? Je li lepa?"

Kejt je razmislila. „Ni u kom slučaju lepa, ali lepuškasta, ljupka, poput ljupke konobarice u drajv-in restoranu. Ima lepo lice, ali uz njega i dva podbratka. I, ne mogu ni da zamislim koliko su joj teške sise – najmanje nekoliko kila."

„Molim te, Kejt", pobunila se Crna Kneginja. „Znaš koliko ne podnosim takve reči. Sise."

„O, da. Uvek zaboravim. Vaspitavale su te brazilske kaluđerice. Bilo kako bilo, ono što sam počela da pričam jeste da je odjednom ta žena pritisnula svoje usne uz moje uvo i šapnula: 'Zašto ga ne kidnapuješ?' Pogledala sam je belo; nisam imala pojma o čemu govori. Ona reče: 'Ti znaš sve o meni, ali i ja znam podosta o tebi. Znam da si se udala za tu švapsku bitangu koja te je sad šutnula i zadržala dete. Slušaj, i ja sam majka. Imam dečaka. Znam kako ti je. Sa njegovim novcem i tim evropskim zakonima, jedini način pomoću kojeg možeš vratiti dete jeste kidnapovanje.'"

Džukela zacvile; Ejsis zazvecka s ono malo novčića u džepu; Madam Apfldorf reče: „Mislim da je sasvim u pravu. A to bi se moglo obaviti."

„Da, moglo bi", reče Ejsis. „Prokleto opasan posao. Ali mogao bi se obaviti."

„Kako?" povika Kejt Meklaud, udarajući pesnicama u jastuke. „Znaš tu kuću. To je tvrđava. Nikad ne bih mogla da ga isteram odatle. Ne sa ujacima usedelicama koji stalno motre. A i te sluge."

Ejsis reče: „Ipak, taj deo se može rešiti. Uz uzorno planiranje."

„I, šta onda? Kad se alarm oglasi, neću umaći švajcarskoj granici ni deset milja."

„Ali, pretpostavimo", zagrakta Madam Apfldorf, „pretpostavimo da uopšte nećete pokušati da pređete granicu. Mislim, kolima. Pretpostavimo da ćete imati privatni 'Gruman' koji vas čeka u dolini. Ukrcavanje i krećemo!"

„Kuda krećemo."

„Za Ameriku."

Ejsis je bio uzbuđen: „Da! Da! Kad dođeš tamo, Her Jeger će biti bespomoćan. Možeš podneti zahtev za razvod, a u Americi ne postoji sudija koji ti neće dodeliti starateljstvo nad Hajnijem."

„Sanjarenja. Puste želje, gospodine Džouns", reče ona, „žao mi je što ste zbog mene čekali ovako dugo. Sto za masažu je u onom plakaru tamo."

„Puste želje. Možda. Ali, ja bih razmislila o njima", reče Crna Kneginja, ustajući. „Hajde da odemo na ručak sledeće nedelje."

Ejsis poljubi Kejt Meklaud u obraz. „Nazvaću te kasnije, draga. Dobro pazi na moju devojčicu, Pi Bi. A kad završiš, potraži me u baru."

Dok sam pripremao sto za masažu, Džukela skoči na krevet i čučnu da bi piškila. Krenuh prema njoj, kako bih je zgrabio. „Nema veze. U ovom krevetu desile su se daleko gore stvari. Ona je toliko ružna da je ljupka. Volim njeno crno lice s ovim velikim belim krugovima oko očiju. Poput pande. Koliko je stara?"

„Tri, možda četiri meseca. Poklon gospodina Nelsona."

„Volela bih da ju je poklonio *meni*. Kako se zove?"

„Džukela."

„Ne možete je zvati *tako*. Suviše je šarmantna. Hajde da smislimo nešto prikladnije."

Kad sam aranžirao sto za masažu, skotrljala se sa kreveta i odbacila kratki, providni i poput gaze tanki negliže, ispod kojeg je bila naga. Njene stidne dlačice i njena do ramena duga medeno crvena kosa savršeno su se slagali; bila je, znači, autentično riđa. Bila je mršava, ali njenom telu nije trebala nijedna unca viška; zahvaljujući svom perfektnom držanju, izgledala je viša nego što zapravo jeste: pet stopa i osam inča[1]. Nonšalantno, dok su njene živahne grudi jedva drhtale, prošetala je kroz sobu i taknula dugme stereo gramofona. Tiho je prišla i legla na sto za masažu, puštajući svoju fascinantnu kosu da pada s njegovog ruba. Uzdahnuvši, sklopila je svoje sjajne oči; zatvorila ih je kao da pozira za masku smrti. Bila je bez šminke, a šminka joj nije ni bila potrebna, jer su njene visoke jagodice imale toplu, prirodnu boju, a njene prijatno nadurene usne svoju sopstvenu ružičastost.

---

[1] 175 cm – (Prim. prev.)

Osetih komešanje u preponama, komešanje koje je otvrdnjavalo dok sam zurio u njeno glatko, izvajano telo, u njene sočne bradavice, u obilnu krivinu kukova i u njene nepomične noge, sve do tankih stopala čija su jedina slaba mesta bili skijaška zadebljanja na oba malena palca. Ruke su mi bile nesigurne, vlažne, pa sam prokleo sebe: Prekini, Pi Bi – ovo baš nije profesionalno od tebe, stari druže. Ali, moj kurac je i dalje pritiskao šlic. E sad, nikad pre mi se nije desilo nešto ovako spontano, iako sam masirao, i više nego masirao, lep broj izazovnih žena – od kojih se, ipak, nijedna nije mogla porediti sa ovom Galatejom. Obrisao sam svoje vlažne ruke o pantalone, počeo da obrađujem njen vrat i gornje regione ramena, gnječeći zategnutu kožu i žile poput trgovca koji dodiruje skupu tkaninu. Najpre je bila napeta, ali postepeno sam je načinio gipkom, spokojnom.

„Hmm", mrmljala je, poput dremljivog deteta. „Što je prijatno. Recite mi, kako ste pali u ruke našem nevaljalom gospodinu Nelsonu?"

Radovao sam se što ću govoriti; makar ću nečim skrenuti misli sa te đavolaste erekcije. Tako da sam joj ispričao ne samo kako sam upoznao Ejsisa u baru u Tangeru, već sam nastavio s kratkim rezimeom o Pi Bi Džounsu i njegovim putovanjima. Kopile, rođeno u Sent Luisu i odgajeno u tamošnjem katoličkom sirotištu sve dok nisam napunio petnaest godina i pobegao u Majami, gde sam radio kao maser nekih pet godina – sve dok nisam uštedeo dovoljno novca za odlazak u Njujork, gde sam se oprobao u onome što sam stvarno želeo da budem, pisac. Jesam li bio uspešan? Pa, i da i ne: izdao sam knjigu kratkih priča – ignorisanih, na nesreću, i od kritike i od publike, što je bilo razočaranje koje me je dovelo Evropi i dugim godinama putovanja i cigančenja, tokom kojih sam pokušavao da napišem roman; ali, i to je bio neuspeh. I tako, ovde sam, još lutam, bez budućnosti koja bi se produžila i posle sutrašnjice.

Sada sam već stigao do njenog trbuha, masirajući ga talasastim, kružnim kretnjama, koje su se spuštale do njenih kukova, a potom, s pogledom na njenim ružičastim stidnim dlačicama, pomislio sam na Elis Li Lengman koja se sećala svoje ljubavnice Poljakinje koja je volela da joj natrpa trešnje u pičku i da ih jede jednu po jednu. Moja mašta je uvećavala ovu fantaziju. Zamišljao sam mekane trešnje s košticama kako se mariniraju u toplom, obilnom, zašećerenom kremu, i video sam pikantni prst Kejt Meklaud kako bira trešnje iz činije i ubacuje ih – noge su mi drhtale, kurac mi je pulsirao, jaja su mi bila tvrda kao cicijina pesnica. Rekoh: „Izvinite", i ušetah u kupatilo, praćen Džukelom, koja je sa zbunjenom, obesnom zainteresovanošću posmatrala kako otkopčavam šlic i počinjem da drkam. Nije mi trebalo puno vremena: par trzaja, i ispalio sam tovar koji umalo nije poplavio pod. Pošto sam dokaz otklonio papirnom maramicom, umio sam se, obrisao ruke, i vratio se svojoj klijentkinji, slab u nogama poput mornara koji pati od morske bolesti, ali sa kurcem koji je još uvek polu-salutirao.

Krovni prozor bio je zamazan hladnim pariskim sumrakom; svetlost lampe je otkrivala njenu figuru, ocrtavala njeno lice. Smejala se i rekla, tonom ublaženim od titrave razdraganosti: „Da li se osećate bolje?"

Rekoh, pomalo nabusito: „Ako biste se sada mogli okrenuti!..."

Masirao sam joj potiljak, prelazio joj prstima niz kičmu, dok joj je torzo vibrirao, poput mačke koja prede. „Znate", reče, „smislila sam ime za vašeg psa. Feba. Nekada sam imala ponija koji se zvao Feba. I psa. Ali, možda treba da pitamo Džukelu. Džukelo, kako ti se dopada ime Feba?"

Džukela čučnu kako bi poprskala tepih.

„Vidite, sviđa joj se! Gospodine Džouns", reče, „mogu li vas zamoliti za jednu veliku uslugu? Da li biste pustili Febu da prenoći sa mnom? Mrzim da spavam sama. A moja druga Feba toliko mi je nedostajala."

„Što se mene tiče, u redu je, ako je u redu... što se Febe tiče."

Izgovorila je jedno jednostavno „Hvala".
Ali, nije bilo u redu. Osećao sam da ostavljam Džukelu sa ovom vračarom i da mi više nikad neće pripadati. Ili, možda, da nikad više neću pripadati samom sebi. Činilo mi se da sam se okliznuo i pao u razjarenu belu reku, da me ledene ključale struje nose i lupaju o neki živopisni, ali i podmukli slap. U međuvremenu, ruke su mi bile zaposlene umirivanjem njenih leđa, zadnjice, nogu; disanje joj je postalo ritmično i ujednačeno. Kad sam bio siguran da je zaspala, nagnuo sam se i poljubio je u glčžanj.

Pomerila se, ali se nije probudila. Seo sam na ivicu kreveta, a Feba – da, Feba – skoči i sklupča se uz mene; uskoro i ona zaspa. Bio sam voljen, ali nikad ranije nisam upoznao ljubav, tako da nisam mogao da razumem impulse i žudnje koji su vrludali po mom mozgu poput bob-sanki. Šta sam mogao da uradim, šta sam mogao da pružim Kejt kako bih je prinudio da poštuje i uzvrati moju ljubav? Moje oči su putovale sobom i smestile se na okviru kamina i na stolovima na kojima su stajale slike njenog deteta: tako ozbiljan dečko, iako se ponekad smejao, ili lizao sladoled u kornetu, ili plazio jezik i pravio smešne grimase. „Kidnapuj ga" – nije li to savetovala Crna Kneginja? Apsurdno, ali video sam sebe kako izvlačim mač, kastriram aždaje i probijam se kroz paklove, da bih spasio ovo dete i bezbedno ga doveo majčinom naručju. Puste želje. Preseravanje. Ipak, instikt mi je nekako govorio da je dečak rešenje cele stvari. Tajno, na vrhovima prstiju izađoh iz sobe i zatvorih vrata, ne uznemiravajući ni Febin san, ni san njene nove vlasnice.

Tajm aut. Moram da naoštrim olovke i otpočnem novu svesku.

Bio je to dugački tajm-aut; trajao je skoro nedelju dana. Ali, sada je novembar, odjednom nerazumno hladan; izašao sam na pljusak i grdno se proveo. Ne bih izlazio da mi moj poslodavac, gospođica Viktorija Self, Visoka Sveštenica „Naruči kurac" i „Pozovi pičku" usluga, nije poslala hitnu poruku naređujući mi da odmah dođem u njenu kancelariju.

Kad pomislim na sav taj novac koji ta žena sigurno zarađuje, ona i njeni mafiozo-saučesnici, pitam se zbog čega ne mogu da priušte sebi malo manje ubogi štab no što je to dvosobno skladište iznad porno prodavnice u Četrdeset drugoj ulici. Naravno, mušterije retko viđaju prostorije; kontaktiraju samo telefonom. Stoga pretpostavljam da računa da je bezrazložno traćiti novac na tetošenje i podsticanje „pomozite nam, mi smo jadne kurve" raspoloženja. Utopljen, pun kišnice koja samo što mi nije šikljala iz ušiju, ušljapkao sam uz dva stubišta krckavih stepenika i još jednom se suočio sa vratima od mutnog stakla i sa natpisom otpalih slova: „Samoposluživanje". Uđoh unutra.

Četvoro ljudi beše zaposelo sparnu čekaonicu. Sal, niski italijanski gastos koji je nosio burmu; on je bio jedan od pandura-tezgaroša gospođice Self. Endi, koji je izdržavao uslovnu kaznu zbog provalne krađe; ukoliko ga ne biste zagledali izbliza, mogao je proći kao prosečni klinac sa koledža; kao i obično, svirao je usnu harmoniku. Bio je tu i Buč, plavi, mlitavi sekretar gospođice Self, koji je sad, pošto ga je preplanulost Vatrenog ostrva sasvim napustila, više nego ikada ličio na Juraja Hipa. I Megi je bila tu – punačka, slatka devojka: poslednji put sam je video neposredno nakon što se udala, na veliko Bučovo ogorčenje.

„Pogodi šta je sad uradila!" zašišta Buč čim sam ušao. „Trudna je."

Megi se pravdala: „Molim te, Buč. Ne vidim zbog čega dižeš takvu gungulu. Baš juče sam saznala. Posao neće *trpeti*."

„To si rekla i onda kad si šmugnula i udala se za tu protuvu. Megi, ti znaš da te volim. Ali, kako si dozvolila da ti se desi takva stvar?"

„Dušo, molim te. Obećavam da se to nikad više neće desiti."

Ne baš sasvim umiren, Buč šušnu papirima stavljenim na njegov sto, i okrenu se Salu.

„Sal, nadam se da nisi zaboravio da u pet imaš sastanak u hotelu 'Sent Džordž'. Soba 907. Njegovo ime je Votson."

„Sent Džordž. Moj Bogo", zabrunda Sal, čiji je nadimak Deset Penija, zahvaljujući njegovoj sposobnosti da, kada mu je kita potpuno podignuta, na nju nareda deset penija, „to je u Bruklinu. Moram da po ovakvom vremenu teglim dupe čak do vražjeg Bruklina."

„To je sastanak od pedeset dolara."

„Nadam se da nije ništa elegantno. Nisam raspoložen ni za kakvu eleganciju."

„Ništa elegantno. Samo obični Zlatni Pljusak. Gospodin je žedan."

„Dobro", reče Sal, koraknuvši do frižidera sa vodom u uglu, i mašivši se za Diksi-čašu, „mislim da je bolje da se natankujem."

„Endi!"

„Izvol'te, gospodine."

„Stavi tu jadnu usnu harmoniku u džep i zadrži je tamo."

„Razumem, gospodine."

„Zar vi delikventi samo to radite u zatvoru? Tetovirate se i učite da svirate usnu harmoniku."

„Ja nemam nijedan tatu –"

„Ne odgovaraj mi!"

„Razumem, gospodine", reče Endi ponizno.

Buč skrenu pažnju k meni; u njegovom izrazu lica nalazilo se dodatno samozadovoljstvo koje je ukazivalo da bi se mogao posvetiti nekoj zlokobnoj informaciji o meni. Pritisnuo je zvučni signal na svom stolu i rekao: „Verujem da je gospođica Self spremna da vas primi."

Gospođica Self, izgleda, nije bila svesna mog ulaska; stajala je pored prozora, leđima okrenuta meni, razmišljajući o pljusku. Tanke sivkaste pletenice uokvirivale su njenu uzanu lobanju; kao i uvek, njena jaka figura se napinjala u kostimu od plavog serža. Pušila je cigarilo. Njena glava se okrenu. „A, tako", reče, uz neupotrebljene ostatke nemačkog akcenta, „veoma ste mokri. To ne valja. Imate li kišni mantil?"

„Nadao sam se da će mi Deda Mraz doneti jedan za Božić."

„To ne valja", ponovi, prilazeći stolu. „Zarađujete dosta novca. Sigurno možete da priuštite sebi jedan kišni mantil. Evo", reče, i iz fioke izvadi dve čaše i bocu svog omiljenog sredstva za smirenje, tekile. Dok je sipala, ponovo sam počeo da razmišljam o prizoru, strožem i oskudnijem od onoga u pokajničkoj ćeliji, potpuno praznom izuzimajući sto, neke stolice ravnog naslona, Koka-Kolin kalendar i zid sa ormanima (kako sam želeo da zavirim unutra!). Jedini frivolni objekt na vidiku bio je zlatni „Kartije" sat koji je sijao sa gležnja gospođice Self; uopšte se nije uklapao u njen karakter. Uporno sam se pitao kako ga je stekla – nije li to možda bio dar nekog od njenih bogatih i zahvalnih klijenata?

„Oženi", reče, praznećí svoju čašu uz grimasu jeze. „Oženi."

„*Alor*", reče, sisajući svoj cigarilo, „možda se sećate našeg prvog intervjua. Kad ste se prijavili kao potencijalni službenik „Posluživanja". Po preporuci gospodina Vudroua Hamiltona – koji, nažalost, više nije sa nama.

„O?"

„Zbog ozbiljnog nepoštovanja naših pravila. A upravo to je tema o kojoj želim da razgovaram s vama." Zaškiljila je svojim bledim tevtonskim očima; osetih uzrujanost zarobljenog vojnika koga će uskoro ispitivati komandant logora. „Upoznala sam vas sa ovim pravilima u potpunosti; ali, podsetiću vas na ona najvažnija, kako bih osvežila vaše pamćenje. Prvo, bilo koji pokušaj ucene ili ugrožavanja klijenta od strane našeg člana rezultiraće *oštrom* kaznom."

Vizija zadavljenog leša koji pluta rekom Harlem sama se nametnula.

„Drugo, zaposleni ni pod kojim uslovima ne sme direktno poslovati s klijentom; svi kontakti, svaka diskusija o honorarima, mora biti pod našim pokroviteljstvom. Treće, i najposebnije, zaposleni ne sme ostvarivati nikakve socijalne kontakte s klijentom: tako nešto ne spada u dobar biznis i može rezultirati vrlo neprijatnim situacijama."

Zagnjurila je svoj cigarilo u tekilu i navrnula jedan obilan srk pravo iz boce. „Jedanaestog septembra imali ste sastanak sa gospodinom Ejpltonom. Proveli ste sat vremena sa njim u njegovoj sobi u Jejl klubu. Da li se dogodilo nešto neuobičajeno?"

„Ne baš. Bio je to samo jednosmerni oralni posao; nije želeo nikakav reciprocitet." Napravio sam pauzu, ali njeno nezadovoljno ophođenje pokazivalo je da očekuje da čuje još nešto. „Bio je u ranim šezdesetim, ali u dobroj kondiciji, čio. Simpatičan čovek. Prijateljski nastrojen. Puno je pričao; rekao mi je da se penzionisao i da živi na farmi sa svojom drugom ženom. Pričao je da gaji stoku –"

Gospođica Self nestrpljivo me prekinu: „I dao vam je sto dolara?"

„Da."

„Da li vam je dao još nešto?"

Odlučio sam da ne lažem. Dao mi je svoju vizitkartu. Rekao je da sam dobrodošao, kad god budem poželeo da dišem seoski vazduh."

„Šta se desilo s njegovom kartom?"

„Bacio sam je. Izgubio. Ne znam."

Zapalila je novi cigarilo, i pušila ga sve dok se dugački pepeo nije stropoštao s njega. Sa svog stola je uzela koverat, izvukla pismo i raširila ga. „U ovom poslu sam više od dvadeset godina, ali pismo koje sam jutros primila za mene predstavlja novinu."

Kao što sam možda ranije spomenuo, jedna od mojih obdarenosti jeste čitanje naopačke: mi koji živimo od svoje snalažljivosti, razvijamo nekonvencijalne talente. I tako, dok je gospođica Self istraživala ovo tajanstveno saopštenje, ja sam pročitao pismo. Glasilo je: *Draga gospođice Self, krajnje sam zadovoljan ljubaznim momkom s kojim ste mi jedanaestog septembra ove godine ugovorili sastanak u Jejl klubu. Štaviše, voleo bih da ga upoznam bolje, u atmosferi koja bi bila više gemütlich. Pitao sam se da li bi se pod vašim pokroviteljstvom mogao organizovati njegov boravak u mojoj farmi u Pensilvaniji tokom praznika Zahvalnosti? Recimo od četvrtka do nedelje. Biće to obično porodično okupljanje; moja supruga, moja deca, nekoliko mojih unučadi. Prirodno, očekujem da će cena biti razumna, a vama ostavljam da odredite iznos. Nadam se da vas ovo pismo zatiče zdravu i u dobrom raspoloženju. Najiskrenije, Rodžer, V. Eplton.*

Gospođica Self je pročitala pismo naglas. „A sad", pucnu prstima, „šta kažete na ovo?" Pošto nisam odmah odgovorio, ona reče: „Nešto nije u redu. Nešto je sumnjivo. No, izuzimajući to, predlog se kosi sa jednim od naših primarnih pravila: zaposleni ne sme ostvarivati nikakve socijalne kontakte sa klijentom. Ova pravila nisu arbitrarna. Zasnovana su na iskustvu." Mršteći se, noktom tapnu po pismu. „Šta bi, po vašem mišljenju, ovaj čovek mogao imati na umu? *Partouze*? Uključivanje svoje žene?"

Pazeći da zvučim indiferentno, rekoh: „Ne vidim ništa loše u tome."

„A, tako", optuži me ona. „Nemate ništa protiv ovakvog predloga. Vi *želite* da idete."

„Pa, iskreno, gospođice Self, rado bih promenio scenografiju na nekoliko dana. Poslednju godinu dana, ili tako nešto, proveo sam na prilično gadan način."

Stukla je još jednu duplu dozu kaktus đusa; stresla se. „Vrlo dobro, pisaću gospodinu Epltonu i tražiti honorar od petsto dolara. Možda bismo zbog takve sume mogli da prvi put prenebregnemo pravilo. I obećajte mi da ćete od vašeg dela profita kupiti kišni mantil."

\*

Ejsis mi mahnu kad sam ušao u „Ricov" bar. Bilo je šest sati i morao sam da se probijam između punih stolova kako bih došao do njega, pošto je u vreme koktela bar bio krcat preplanulim skijašima koji su tek sišli sa odmora u Alpima; i parovima skupih kurvi koje su jedna drugoj pravile društvo dok su čekale da im namigne neki nemački ili američki biznismen, bataljonima pomodnih pisaca i trgovcima krpicama okupljenih u Parizu zbog razgledanja letnjih kolekcija; i naravno, starim plavokosim, šik damama – uvek ih ima nekoliko, vremešne stalne stanarke hotela koje su udobno smeštene u „Ric" baru i srkuću svoja dva martinija („moj doktor insistira: to je tako dobro za cirkulaciju") pre nego što će se vratiti u hotelski restoran da bi preživale u nemoj izolaciji osvetljenoj lusterima.

Nisam ni stigao da sednem, a Ejsis je bio pozvan da odgovori na telefonski poziv. Imao sam dobar pogled na njega, jer se telefon nalazi na samom kraju bara; s vremena na vreme njegove usne su se micale, ali izgledalo je da, uglavnom, sluša i klima glavom. Mada ga nisam ni gledao, jer je moja svest još uvek bila na spratu i kontempliralala o raspuštenoj kosi Kejt Meklaud i o njenoj usnuloj glavi – prizor koji me je do te mere prožimao da me je Ejsisov povratak iznenadio.

„Bila je to Kejt", objavi on, sa samozadovoljnim izrazom na licu: mungos koji vari miša. „Želela je da zna zašto si otišao bez pozdrava."

„Spavala je."

Ejsis uvek nosi krš kuhinjskih šibica u džepu od jakne, to je jedna od njegovih afektacija; zapalio je jednu noktom palca i plamenom dodirnuo cigaretu. „Možda ne izleda tako, ali Kejt je veoma obaveštena mlada žena – njeni instinkti su obično pouzdani. Veoma si joj se svideo. I tako", reče, iskezivši se, „mogu ti ponuditi nešto solidno. Kejt bi volela da te iznajmi kao plaćenog prijatelja. Primaćeš hiljadu dolara mesečno i biće ti plaćeni svi troškovi, uključujući odeću i upotrebu ličnog automobila."

Rekao sam: „Zašto se udala za Eksla Jegera?"

Ejsis trepnu, kao da je ovo bila poslednja reakcija koju je očekivao od mene. Zastade, a onda reče: „Možda bi interesantnije bilo pitati se zašto se on oženio njome? A još interesantnije pitanje jeste – kako ga je Kejt upoznala? Vidiš, Eksl Jeger je neuhvatljiv čovek. Nikada ga nisam lično sreo, video sam samo fotografije koje su napravili paparaci: visok čovek s ožiljkom od hajdelberškog mača na obrazu, mršav, skoro ispijen, čovek u kasnim pedesetim. Rodom je iz Dizeldorfa, od dede je nasledio bogatstvo stečeno nekim poslovima sa municijom, bogatstvo koje je astronomski uvećao. Ima fabrike po celoj Nemačkoj, po čitavom svetu – poseduje tankere za naftu, naftne platforme u Teksasu i na Aljasci, ima najveći ranč sa stokom u Brazilu, koji se proteže na više od osamsto kvadratnih milja, i pristojan deo Irske i Švajcarske (svi bogati Zapadni Nemci otkupljuju nekretnine u Irskoj i Švajcarskoj: misle da će tamo biti bezbedni ako bombe počnu ponovo da padaju). Sasvim je moguće da je Jeger najbogatiji čovek u Nemačkoj – a možda i u Evropi. On je nemački državljanin, ali ima dozvolu za permanentan boravak u Švajcarskoj; iz poreskih razloga, naravno. Da bi tu dozvolu zadržao, mora provoditi šest meseci godišnje u Švajcarskoj bez obzira da li to želi ili ne. Bože, kakve sve torture bogati neće podneti kako bi sačuvali jedan peni. Živi u kolosalnom i kolosalno ružnom *château*-u na planinskom obronku oko tri milje severno od Sent Morica. Ne znam da li je iko ikada ušao tamo. Osim Kejt, naravno.

„Koliko sam ja razumeo, on je bio, ili još uvek jeste, veoma verujući katolik. Iz tog razloga je ostao oženjen svojom prvom ženu tokom dvadeset sedam lojalnih godina, to jest dok ona nije umrla. Čak iako nije mogla da mu pokloni dete, što je, izgleda, bila srž čitave stvari, jer on je želeo dete, sina koji bi nastavio dinastiju Jeger. Kad je već slučaj tako hteo, zašto nije postupio razumno i oženio se dobro odnegovanom nemačkom devojkom koja bi mogla napuniti jednu cincilin dečju sobu? Sigurno da pametna, suptilna lepota kakva je Kejtina teško može biti idealan izbor za usiljenu strogost Her Jegera. I, što se toga tiče, neshvatljivo je da takva osoba privuče Kejt. Novac? On ne bi mogao biti razlog. U stvari, kad sam se sprijateljio sa Kejt, rekla mi je da je njen prvi brak bio toliko traumatičan da uopšte ne namerava da se ponovo uda. A ipak, za nekoliko meseci, i bez ikakvog signala, čak ni ne spomenuvši da poznaje tog legendarnog tajkuna, dobila je papsko poništenje svog prvog braka i venčala se s Jegerom uz katoličku ceremoniju u dizeldorfskoj katedrali. Godinu dana docnije stiže naslednik, onaj za čijim su rođenjem vapile molitve. Hajnrih Rajnhart Jeger. Hajni. A godinu dana posle toga, manje od godinu dana, ona je, izgleda, bila izbačena iz Jegerovog *château*-a, sa prtljagom i ostalim stvarima, ostavivši dečaka pod očevim starateljstvom – premda su joj bile dodeljene nekakve veoma limitirane privilegije vezane za posete."

„Ali, ne znaš zbog čega?"

Ejsis je zanoktio još jednu kuhinjsku šibicu, i ugasio je. „Raskid, ili kako god se zvalo to što se desilo, bio je jednako enigmatičan kao i sama alijansa. Nestala je na nekoliko meseci, a jedan doktor kojeg poznajem rekao mi je da ih je provela zatočena u klinici 'Nestle' u Lozani. Ali, nikad mi nije otkrila šta se zapravo desilo, a ja nikada nisam smogao hrabrosti da je pitam. Pretpostavljam da samo jedna osoba zna šta se stvarno desilo: Kejtina služavka, Korina. A kad se radi o gospođici Kejt, Korina je ćutljiva poput spomenika na Ister Ajlandu."

„Dobro. Ali, zašto se nisu razveli?"

„Katolička prepreka, pretpostavljam. On nikad ne bi pristao na razvod."

„Ali, za ime Boga, ona se može razvesti od njega, zar ne?"

„Ne može, ako želi da ponovo vidi Hajnija. Ta vrata bi zauvek ostala zatvorena."

„Kučkin sin. Voleo bih da mu gurnem sačmaru u dupe i povučem obarač. Bitanga. Ali, spomenuo si opasnost. Ne vidim da postoji nešto zbog čega bi se plašila."

„Kejt misli da postoji. A i ja. I to da je Jegerovi agenti prate, ili sakupljaju informacije o njoj, bez obzira gde išla i šta radila, nije nikakva paranoidna fantazija. Ako promeni uložak, možeš biti siguran da će *Grand Seigneur* saznati za to. Vidi", reče, pucnuvši prstima kako bi dozvao konobara, „hajde da popijemo piće. Prekasno je za daikirije. Šta kažeš na jedan skoč sa sodom?"

„Svejedno mi je."

„Konobar, dva skoča sa sodom. A sad o onoj mojoj ponudi – da li su uslovi zadovoljavajući, ili bi voleo da tokom sledećih par dana razmisliš o njima?"

„Ne moram da razmišljam. Već sam odlučio."

Pića su stigla, i on podiže svoju čašu. „Onda ćemo piti za tvoju odluku, pa ma kakva ona bila. Iako se nadam da glasi: da."

„Da."

Opustio se. „Poslat si od Boga, Pi Bi. I, siguran sam da nećeš žaliti zbog svoje odluke." Malo je proročanstava koja su ispala neistinitija od ovog.

„Da, odgovor je 'da'. Ali, ako ne želi razvod, šta onda želi?"

„Imam jednu teoriju. To je samo teorija, ali kladim se u poslednji novčić da je tačna. On namerava da je ubije." Ejsis zazveča ledom u svojoj čaši. „Pošto mu strogost njegovog katolicizma zabranjuje razvod i pošto će ona, dok god bude živa, predstavljati pretnju, pretnju njemu i starateljstvu nad detetom. Zato hoće da je ubije. Da je ubije na način koji će ličiti na nesreću."

„Ejsis. Ma, idi. Ti si lud. Ili si ti lud. Ili on."
„Kad smo već kod toga, da, ja verujem da je lud. Hej", reče, „baš sad primetih. Gde ti je pas?"
„Dao sam ga dami sa sprata."
„Aha, aha, *aha*. Vidim da si zaista bio prilično impresioniran."

Čitav put do kuće prešao sam peške, od „Ricovih" hodnika ispunjenih prustovskim avetima do rahitičnih, trošnih holova mog hotela smeštenog pokraj *Gare du Nord*. Ushićenje je osvetljavalo put – bar nisam bio parazitski izopštenik, gubitnik bez cilja; bio sam čovek sa misijom u životu, sa *zadatkom*; i poput nekakvog skauta početnika koji se sprema da pođe na svoj prvi noćni marš, u mojoj su se glavi bućkale detinjaste misli o pripremama. Odeća; trebaće mi košulje, cipele, nekoliko dobrih odela, jer ništa iz mog ormana ne bi izdržalo inspekciju na sunčevom svetlu. I oružje; sutradan ću kupiti tridesetosmokalibarski revolver i početi s vežbama na strelištu. Hodao sam brzo, ne samo zato što je bilo hladno, bila je to Senom ovlažena maglovita hladnoća neuobičajena za Pariz, već i zbog toga što sam se nadao da će me telesna vežba toliko istrošiti da ću, čim stavim glavu na jastuk, pasti u san bez snova. Tako je i bilo.

Ali, san nije bio bez snova. Stvarno mi je jasno zašto psihoanalitičari zahtevaju visoke plate, jer šta može biti dosadnije od slušanja tuđih snova? No, rizikujući da vas ugnjavim, ispričaću vam san koji sam sanjao te noći, jer ću se docnije sećati svakog njegovog detalja. Isprva je san bio bez kretnji, prizor morske obale nalik na kakvu Bodinovu sliku nastalu na raskršću vekova. Mirne figure na ogromnoj plaži, i odmah iza njih akvamarinsko more. Muškarac, žena, pas, mali dečak. Žena je u odeći od tafta, koja joj dopire do gležnjeva – morski povetarci kao da zadirkuju tu suknju; ona nosi zeleni suncobran. Muškarac se šepuri u slamnom šeširu; dečak je u mornarskom odelu. Konačno, slika dospeva u mnogo bliži fokus, pa prepoznajem ženu pod suncobranom – Kejt

Meklaud. A čovek, koji sada pruža ruku kako bi uhvatio njenu ruku, to sam ja. Iznenada, dete u mornarskoj odeći grabi nekakav prut i baca ga u talase; pas žuri da ga vrati, i trči natrag, tresući se i osvetljavajući vazduh kristalima morske vode.

# III
# LA COTE BASQUE

Razgovor koji sam slučajno čuo u Rozvelu, Novi Meksiko...
PRVI KAUBOJ: Hej, Džed. Kako si? Kako se osećaš? DRUGI KAUBOJ: Dobro! Zaista dobro. Osećam se toliko dobro da jutros nisam morao da ga izdrkam kako bih pokrenuo srce.

„*Carissimo!*", povika ona. Ti si baš ono što mi treba. Društvo za ručkom. Kneginja nije došla na sastanak."
„Crna ili bela?", rekoh.
„Bela", reče ona, obrnuvši smer mog kretanja trotoarom.

Bela je Valis Vindzor, a Crna Kneginja je ime pod kojim je među prijateljima poznata Brazilka Perla Apfeldorf, supruga ozloglašenog južnoafričkog rasiste i industrijalca koji posluje s dijamantima. A što se tiče gospođe koja je takođe znala za obe kneginje, ona je zaista bila gospođa – Lejdi Ina Kulbert, Amerikanka udata za britanskog tajkuna u narko-biznisu, i prava žena u svakom pogledu. Visoka, viša od većine muškaraca, Ina je bila stasita, sveža, energična cica, rođena i odgajana na ranču u Montani.

„Ovo je drugi put kako otkazuje", nastavi Ina Kulbert. „Kaže da ima koprivnjaču. Ili on ili ona. U svakom slučaju, još imam sto u *Côte Basque*. Pa, hoćemo li? Jer, stvarno mi treba neko s kim ću da pričam. A, Bogu hvala, Džounsi, to možeš biti ti.

*Côte Basque* se nalazi u Istočnoj Pedeset petoj ulici, tačno preko puta Sent Redžisa. To je bila prvobitna lokacija *Le Pavillon*-a, osnovanog 1940. Od strane uvaženog restoratera Henrija Soulea. Gospodin Soule je napustio prostorije zbog zavade sa svojim rentijerom, bivšim predsednikom „Kolumbija pikčersa", holivudskim mangupom nikogovićem po imenu Hari Kon (koji je, saznavši da se Semi Dejvis Junior[1] „zabavlja" s njegovom plavokosom zvezdom Kim Novak, unajmio plaćenog ubicu da pozove Dejvisa i kaže mu: „Slušaj, Sambo, već ti fali jedno oko. Je l' bi voleo da nemaš nijedno?" Sutradan se Dejvis oženio lasvegaškom horistkinjom – obojenom.) Kao i *Côte Basque,* originalni „Paviljon" se sastojao od malog ulaznog prostora, s čije leve strane se nalazio bar, a pozadi, iza zasvođenog hodnika, veliki restoran obložen crvenim plišom. Bar i glavna soba su sačinjavali Spoljašnje Hebride, Elbu u koju je Soule proganjao patrone druge klase. Prioritetni klijenti, koje je gazda birao rukovođen nepogrešivim snobizmom, bili su smešteni u primaćem delu – to je praksa svih njujorških etabliranih šik-restorana: „Lafajet", „Koloni", „La Grenvil", „La Karavel". Pošto su najbliži vratima, ovi stolovi uvek su izloženi promaji i pružaju najmanje privatnosti, ali, uprkos tome, sesti ili ne sesti za njih je momenat istine građanina osetljivog na svoj status. Hari Kon nikad nije uspeo da ostavi utisak u „Paviljonu". Nije mu pomoglo to što je bio čuveni holivudski Hotentot, pa čak ni to što je bio vlasnik Souleovih prostorija. Soule je ugledao Kona u anti-džemperu sa podmetačima za ramena, i sproveo ga, shodno pravilima, u pod-nulte regione zadnje prostorije. Kon je psovao, huktao, svetio se dizanjem i dizanjem rente za restoran. Stoga se Soule jednostavno preselio u kraljevskije četvrti tornja „Ric". Međutim, dok se Soule još useljavao, Hari Kon je umro (kad su ga pitali zašto je prisustvovao sahrani, Džeri Vald je odgovorio: „Samo sam želeo da budem siguran da je ta bitanga mrtva"), a Soule je, osećajući nostalgiju za svojim starim, omiljenim boravištem, ponovo zakupio istu adresu, sada od novih vlasnika, i napravio drugi lokal, neku vrstu umanjene varijante *Le Pavillon*-a: *La Côte Basque.*

---

[1] Semi Dejvis Junijor (1925–1990), američki pevač, igrač i zabavljač. Pojavio se u nizu filmova, sa svojim prijateljima Frenkom Sinatrom i Dinom Martinom. – (Prim. prev.)

Lejdi Ini je, naravno, bila dodeljena besprekorna pozicija – četvrti sto sleva, gledano sa ulaza. Do njega ju je dopratio niko drugi do gospodin Soule, uzrujan kao i obično, ružičast i gleđosan poput praseta u marcipanu.

„Lejdi Kulbert...", promrmljao je, njegove oči perfekcioniste su kolutale, tragajući za ružama sa biljnim vašima i za trapavim kelnerima. „Lejdi Kulbert... umn... baš krasno... umn... i Lord Kulbert?... danas na kolicima baš imamo jednu krasnu jagnjeću pečenicu..."

Konsultovala se sa mnom, bacila pogled, i rekla: „Mislim da neću ništa s kolica. Prebrzo stiže. Hajde da uzmemo nešto čije spremanje traje zauvek. Tako ćemo moći da se napijemo i da postanemo nepristojni. Recimo sufle Furstenberg. Možete li to da nam napravite, gospodine Soule?"

Proizveo je jedno „pfuj" – i to iz dva razloga: nije mu se sviđalo kad gosti alkoholom otupljuju receptore ukusa, a osim toga: „Furstenberg je velika neprijatnost. Izaziva metež."

Ali je ukusan: pena od sira i spanaća u koju su dodata poširana jaja, i to strateški, kako bi, kad mu vaša viljuška nanese udarac, sufle bio ovlažen zlatnim rekama žumanaca.

„Metež je", reče Ina, „baš ono što mi treba", a vlasnik se složio, krajičkom maramice dodirujući čelo po kojem behu razbacane graške znoja.

A onda je odlučila da bude protivnik koktela, rekavši: „Što ne bismo napravili pravu proslavu?" Od vinskog momka je naručila bocu „rederer kristala". Čak i za one koji ne vole šampanjac, među koje spadam i ja, postoje dve vrste šampanjca koje se ne odbijaju: „dom perinjon" i još superiorniji „kristal", flaširan u prirodno bojenom staklu koje pokazuje njegov bledi sjaj, ohlađenu vatru čija je bockava suvoća tolika da, kad se proguta, izgleda kao da nije progutana, već se pretvorila u isparenja na jeziku, i sagorela u neki vlažni, slatki pepeo.

„Naravno", reče Ina, „šampanjac stvarno donosi jednu ozbiljnu nezgodu: ako ga čovek poloče kao bilo koje drugo piće, u želucu se nastanjuje neka kiselost čiji je rezultat permanentno loš dah. Koji nikako ne možeš suzbiti. Sećaš li se kakav je dah imao Arturo, Bog da mu dušu prosti? A Koul je obožavao šampanjac. Bože, tako mi nedostaje Koul, sa onom svojom senilnošću tokom poslednjih dana. Jesam li ti već pričala šta je bilo s Koulom i tim vinskim momkom? Ne sećam se tačno gde je radio. Bio je Italijan, znači to se nije moglo desiti ovde ili u 'Pavu'. 'Koloni?' Čudno: vidim ga jasno – poput oraha smeđ muškarac, monoton na neki divan način, sa nauljenom kosom i najseksepilnijom linijom vilice – ali ne mogu da vidim *gde* ga vidim. Bio je s juga Italije, pa su ga zvali Diksi, a Tedi Vajtstoun je zaglavila s njim – abortus je izvršio Bil Vajtstoun lično, uveren da je to bilo njegovo delo. Možda je i bilo – u jednom sasvim drugom kontekstu – ali, bez obzira na sve, mislim da je prilično neozbiljno, pa, ako hoćeš i neprirodno da doktor radi abortus svojoj ženi. Tedi Vajtstoun nije bila jedina; čitav buljuk cura podmićivao je Diksija ljubavnim pismima. Koulov prsitup bio je kreativan: pozvao je Diksija u svoj stan, pod izgovorom dobijanja saveta u vezi sa popunjavanjem zaliha svog novog vinskog podruma – Koul! Koji je o vinu znao više no što je žabar mogao da sanja. I tako, njih dvojica sede na kauču – na onom divnom, kožnom, koji je Bili Boldvin napravio za Koula – sve vrlo neformalno, Koul ljubi tog momka u obraz, a Diksi uz kez kaže: 'To će vas koštati petsto dolara, gospodine Porter.' Koul se samo nasmeje i stegne Diksijevu nogu. A to će vas koštati hiljadu dolara, gospodine Porter." Tako je Koul shvatio da je ovaj komad pice sasvim ozbiljan; otkopčao mu je rajsferšlus, izvukao ga napolje, protresao ga i rekao: 'Koja je puna cena za korišćenje ovoga?' Dve hiljade dolara, rekao je Diksi. Koul je otišao pravo do svog stola, napisao ček i predao mu ga. Onda je rekao; 'Gospođica Otis žali što danas ne može da ruča. A sad izlazi napolje.'

„Kristal" je bio sipan. Ina ga je probala. „Nije dovoljno hladan. Ali ahhh!" Popila je još malo. „Stvarno mi nedostaje Koul. I Hauard Stardžis. Čak i Tata[1]; na kraju krajeva, pisao je o meni u *Zelenim brdima Afrike*. I Ujka Vili[2]. Prošle nedelje, u Londonu, otišla sam na žurku kod Drua Hajnca i uhvatila se s princezom Margaret. Majka joj je dražesna, ali – ostatak te familije! – mada, princ Čarls možda i nije loš. Ali, u suštini, članovi kraljevske porodice misle da postoje samo tri kategorije: obojeni narod, beli narod i članovi kraljevske porodice. I, taman sam se spremala da odem da dremnem, jer, ona je takav davež, kad je, iz vedra neba, objavila kako je zaključila da veoma ne voli 'pufnice'. Izvanredna primedba, ukoliko se uzme u obzir ko ju je izgovorio. Sećaš li se šale o tome ko je dobio prvog mornara? Ali samo sam oborila pogled, *trés* Džejn Ostin, i rekla: „U tom slučaju, gospo, plašim se da će vaša starost biti veoma samotna." Izraz njenog lica! – mislila sam da će me pretvoriti u bundevu."

U Ininom glasu bilo je nekarakterističnih ugriza i skokova, kao da navrat-nanos ubrzava kako bi izbegla da prizna ono što želi, ali ne želi da prizna. Moje oči i uši su skitale naokolo. Za stolom koji se nalazio dijagonalno od našeg sedele su dve žene koje sam zajedno sreo prošlog leta u Sautemptonu, iako nisam očekivao da će me prepoznati, pošto sastanak nije bio naročito značajan – Glorija Vanderbilt de Čiko Stokovski Lamet Kuper i njena drugarica iz detinjstva Kerol Markus Sarojan Sarojan (dvaput se udala za *njega*) Matau: žene u kasnim tridesetim koje se, međutim, nisu mnogo promenile još od onih davnih dana kad su grabile Balone Sreće u klubu „Stork".

„Ali šta bi rekla", upitala je gospođa Matau gospođu Kuper, „za nekoga ko je izgubio dobrog ljubavnika, težak je dvesta funti[3], i preživljava potpuni nervni slom? Mislim da mesec dana nije ustajala iz kreveta. Niti je

---

[1] Ernest Hemingvej. – (Prim. prev.)
[2] Vilijem Somerset Mom. – (Prim. prev.)
[3] 90 kilograma. – (Prim. prev.)

promenila čaršave. 'Morin' – evo šta sam joj rekla – 'Morin, moje stanje bilo je mnogo gore od tvog. Sećam se kako sam nekad išla naokolo i krala pilule za spavanje iz tuđih ormarića sa lekovima, pazeći da se ne ucmekam. Bila sam u dugovima do guše, svaki peni koji sam imala bio je pozajmljen..."

„*Draga*", pobuni se gospođa Kuper uz majušno mucanje, „pa zašto nisi došla kod *mene*?"

„Zato što si bogata. Mnogo je lakše pozajmljivati od siromašnih."

„Ali, draga..."

Gospođa Matau nastavi: „I tako, rekoh joj: 'Znaš li šta sam uradila, Morin? Izašla sam, onako švorc, i iznajmila ličnu služavku. Finansijsko stanje mi se popravilo, perspektive su mi se potpuno promenile, osetila sam se voljenom i razmaženom. Zato bih, da sam na tvom mestu, upala u dugove i iznajmila nekog veoma skupog stvora da mi čisti kupatilo i namešta krevet.' Uzgred, jesi li bila na partiju kod Loganovih?"

„Ostala sam nekih sat vremena."

„Kako je bilo?"

„Sjajno. Ukoliko nikad ranije nisi bila na žurci."

„Želela sam da idem. Ali, znaš Voltera. Nisam ni sanjala da ću se udati za glumca. Dobro, možda i jesam. Ali nisam ni pomišljala da ću to uraditi iz ljubavi. S Volterom sam sve ove godine i uvek se umusim kad vidim kako mu oči pomalo švrljaju. Jesi li videla onu novu švedsku pizdu, Karen, ne znam kako se preziva?"

„To je ona što je bila u nekakvom špijunskom filmu?"

„Baš ta. Divno lice. Fotografisana od grudi pa naviše je božanstvena. Međutim, noge su joj stabla sekvoje. Prava debla. U svakom slučaju, sreli smo je kod Vidmarka, šarala je očima i ispuštala one zvukčiće namenjene Volteru, ja sam sve to podnosila dok sam mogla, ali kad sam čula Voltera koji je pita: 'Koliko imaš godina, Karen?', rekla sam 'Za ime Boga, Voltere, zašto joj ne odsečeš noge i prostudiraš godove?"

„Kerol! Nisi valjda?"
„Znaš da uvek možeš računati na mene."
„A ona te je čula?"
„Ne bi bilo naročito interesantno da nije."

Gospođa Matau izvuče češalj iz tašne i poče da ga povlači niz svoju dugu albino kosu: još jedan ostatak iz njenih početničkih noći iz vremena Drugog svetskog rata – iz ere u kojoj su se ona i njene *compères*, Glorija, Haničajl, Ina i Džinks, vukle po tapacirungu „El Moroka", neprestano grabuljajući svoje Veronika-Lejk lokne.

„Jutros sam dobila pismo od Une", reče gospođa Matau.

„Dobila sam ga i ja", reče gospođa Kuper.

„Onda znaš da imaju još jednu bebu."

„Pa, pretpostavljala sam da će se to desiti. Uvek pretpostavim da će se to desiti."

„Onaj Čarli je jedna srećna bitanga", reče gospođa Matau.

„Naravno da jeste, Una bi svakom muškarcu bila odlična žena."

„Koješta. Kod Une dolaze u obzir samo genijalci. Pre nego što je srela Čarlija, htela je da se uda za Orsona Velsa... a nije imala ni sedamnaest godina. Orson ju je upoznao sa Čarlijem. 'Znam pravog momka za tebe' rekao je. 'On je bogat, on je genije, a ne postoji ništa što bi mu bilo milije od jedne savesne mlade ćerke.'"

Gospođa Kuper se zamisli. „Da se Una nije udala za Čarlija, mislim da se ja ne bih udala za Leopolda."

„A da se una nije udala za Čarlija, i da se ti nisi udala za Leopolda, ja se ne bih udala za Bila Sarojana. Dvaput."

Dve žene su se zajedno smejale, smehom koji je ličio na nestašni, ali divni pevački duo. Nisu bile fizički slične – gospođa Matau, plavokosija od Harlouove, bujno bela poput gardenije, a ova druga sa markantnim očima i tamnim, jamičastim sjajem koji se jasno javljao kad god bi njene crnačke usne sevnule osmesima – čovek je osećao da pripadaju istom soju: šarmantno nesposobne avanturistkinje.

Gospođa Matau reče: „Sećaš li se onoga sa Selindžerom?"

„Selindžer?"

„*Perfektan dan za banana-ribe.* Taj Selindžer."

„*Freni i Zui.*"

„Hmm. Aha. Ne sećaš se šta je bilo s njim?"

Gospođa Kuper je razmišljala, nadurivši se; ne, nije se sećala.

„Još smo bili na Brirliju kad se to desilo", reče gospođa Matau. „Pre nego što je Una srela Orsona. Imala je tajnog momka, onog jevrejskog dečka s majkom na Park aveniji, Džerija Selindžera. Želeo je da bude pisac, pa je Uni pisao deset strana dugačka pisma dok je bio tamo preko okeana, u vojsci. Neku vrstu eseja na temu ljubavnih pisama, vrlo nežnih, nežnijih od Boga. Una je imala običaj da mi ih čita, a kad me je pitala šta o njima mislim, rekla sam da mi se čini da je on dečak koji se vrlo lako rasplače; ali, ono što je ona želela da zna jeste da li smatram da je briljantan i talentovan, ili samo luckast, a ja rekoh, on je i jedno i drugo, a kada sam, deset godina kasnije, čitala *Lovca u raži* i shvatila da je autor Unin Džeri, još uvek sam naginjala istom stavu."

„Nikad nisam čula nijednu neobičnu priču o Selindžeru", priznade gospođa Kuper.

„Ja nikad nisam čula nešto u vezi sa njim što nije čudno. Sigurno da nije normalan svakodnevni jevrejski momak sa Park avenije."

„Pa, ovo, u stvari, i nije o njemu, nego o jednom njegovom prijatelju koji je otišao u Nju Hempšajr da ga poseti. On živi tamo, zar ne? Na nekoj vrlo udaljenoj farmi? Bio je februar, užasno hladan. Jednog jutra Selindžerov prijatelj je nestao. Nije se nalazio u sobi u kojoj je spavao, niti bilo gde drugde u kući. Na kraju su ga našli u dubinama snežne šume. Ležao je u snegu, uvijen u ćebe, i držao praznu flašu viskija. Ubio bi se viskijem, zaspao bi, i umro od smrzavanja."

Nakon kratke stanke, gospođa Matau reče; „To je stvarno neobična priča. Mada, mora da mu je bilo divno – utopljen viskijem, otplovljava u hladan, zvezdani vazduh. Zašto je to uradio?"

„Znam samo ovo što sam ti ispričala", reče gospođa Kuper.

Uzbudljiva mušterija, rumen-po-ivicama, crnomanjasti, ćelavi, Čarli tip momka, zastade pored njihovog stola. Fiksirao je gospođu Kuper zurenjem u kojem je bilo zaintrigiranosti, zabave i... malo ljutnje. Reče; „Zdravo, Glorija", a ona se nasmeši: „Zdravo, dragi", ali kapci su joj se trzali dok je pokušavala da ga identifikuje; onda on reče: „Zdravo, Kerol. Kako si, lutko?", i ona ga je prepoznala: „Zdravo, dragi. Još živiš u Španiji?" Klimnuo je glavom; njegovo zurenje se vratilo gospođi Kuper: „Glorija, lepa si kao i uvek. Još lepša. Vidimo se..." Mahnuo je i odšetao.

Gospođa Kuper ga je ispratila pomnim, mrkim pogledom.

Konačno, gospođa Matau reče: „Nisi ga prepoznala, zar ne?"

„N-n-nisam."

„Život. Život. Stvarno je preterano tužan. Baš ništa ti ne govori ko je on?"

„Davno. Nešto je bilo. San."

„To nije bio san."

„Kerol. Prestani. Ko je on?"

„Nekad si imala veoma visoko mišljenje o njemu. Kuvala si mu, prala si mu čarape" – oči gospođe Kuper se uvećaše, promeniše se – „a kad je bio u vojsci išla si za njim iz baze u bazu, živela u sobama sumornog nameštaja –"

„Ne!"

„Da!"

„Ne."

„Da, Glorija. Tvoj prvi muž."

„Taj... čovek... je bio... Pet di Čiko?"

„O, draga. Ne prenemaži se. Na kraju krajeva, skoro dvadeset godina nisi ga videla. Bila si obično dete. Nije li ono", reče gospođa Matau, nudeći preokret u razgovoru, „Džeki Kenedi?"

Začuh lejdi Inu kako se bavi istom temom: „Skoro sam slepa sa ovim cvikerima, ali nije li gospođa Kenedi upravo ušla unutra? Sa svojom sestrom?"

Jeste; znao sam sestru, pošto je išla u školu sa Kejt Meklaud, a kad smo Kejt i ja bili na jahti Abnera Dastina na Feriji u Sevilji, ručala je s nama, posle smo zajedno skijali na vodi, i često sam razmišljao o tome koliko je savršena ta blještava, zlatno-smeđa devojka u kupaćem kostimu, sa belim skijama koje glatko šište, sa smeđe-zlatnom kosom koja šiba, prateći njene nasrtaje i zanošenja na talasima. Zato je bilo prijatno kad se zaustavila da pozdravi lejdi Inu („Znate li da smo doputovali istim avionom iz Londona? Ali, spavali ste tako lepo da se nisam usuđivala da progovorim") i kad me je ugledala i setila se ko sam: „Pa, zdravo, Džounsi", rekla je, tepereći od svog hrapavog, šaptavog, toplog glasa, „kako tvoje opekotine. Sećaš se, upozorila sam te, ali nisi hteo da slušaš." Njen smeh se gubio dok se smeštala na klupu pored svoje sestre. Iskosile su glave jedna prema drugoj, šapućući Buvije-konspiraciju. Ličile su jedna na drugu u zbunjujućoj meri, a da pri tom nisu imale nikakvu zajedničku crtu, izuzev identičnih glasova, širom otvorenih očiju i izvesnih gestova, naročito običaja da pomno zure u sabesednikove oči, neprestano klimajući glavom uz hipnotičko svečano saosećanje.

Lejdi Ina primeti: „Vidi se da su te devojke svojevremeno napravile par velikih poslova. Znam da mnogi ne trpe ni jednu ni drugu, i da su ti ljudi uglavnom žene, što mogu da razumem, jer njih dve ne vole žene i bezmalo ni za jednu od njih nemaju nijednu lepu reč. Ali, s muškarcima su savršene, par vestern-gejši; umeju da sačuvaju muškarčeve tajne i da ga učine važnim. Da sam muško, i sama bih pala na Li. Veličanstveno je građena, poput figurine iz Tanagre; ženstvena je, a nije feminizirana; ona je jedna od nekoliko osoba koje znam, a koje mogu da budu i iskrene i prijatne u isto vreme – obično jedno isključuje drugo. Džeki – ne, ona nije na istoj planeti. Veoma fotogenična, naravno; ali deluje malo... nerafinirano, prenapadno."

Setio sam se kako sam jedne večeri izašao sa Kejt Meklaud i otišao na takmičenje pešovana i travestita koje se održavalo u jednoj balskoj dvorani u Harlemu: stotine pederčića u ručno šivenim svečanim haljinama, šepure se u fanki-honk ritmu saksofona: prodavci u bruklinskim supermarketima, kuriri sa Vol strita, crni perači sudova, portorikanski kelneri prepušteni svili i fantaziji, horisti i bankovni blagajnici, i irski liftboji obučeni kao Merlin Monro, kao Odri Hepbern, kao Džeki Kenedi. Gospođa Kenedi uistinu je bila najpopularnija inspiracija; tuce dečaka, među njima i pobednik, imalo je visoko podignutu frizuru, leteće obrve, bledo nakarminisane usne. A u stvarnosti mi je delovala ne kao istinska žena, već kao vešt ženski impersonator koji se izdaje za gospođu Kenedi.

Objasnio sam svoje misli Ini, a ona reče: „Na to sam mislila kad sam spomenula... prenapadnost." A onda: „Jesi li upoznao Rozitu Vinston? Fina žena. Polu Čiroki, koliko znam. Pre godinu dana imala je moždani udar, pa sad ne može da govori. Tačnije, može da izgovori samo jednu reč. To se vrlo često dešava nakon udara, čoveku često biva ostavljena samo jedna od reči koje je znao. Rozitina reč je 'divno'. Vrlo prikladna, s obzirom da je Rozita oduvek volela divne stvari. Na nju me je podsetio stari Džoe Kenedi. I njemu je, takođe, bila ostavljena jedna reč. Njegova reč je: 'Uđavola!'" Ina je rekla konobaru da sipa šampanjac. „Jesam li ti pričala kako je onda nasrnuo na mene? Imala sam osamnaest godina, otišla sam u goste u njegovu kuću, bila sam prijateljica njegove ćerke Kek..."

Moje oko ponovo je krstarilo prostorijom, uhvativši, *en passant*, Sedma-avenija-plavobradog prevaranta u brushalteru, kako pokušava da premunta klozetskog peška, urednika *Njujork tajmsa;* i Dajanu Vrilend, napomađenu, poput pauna šarenu urednicu *Voga,* kako deli sto sa starijim čovekom koji je delovao kao dragocen objekat diskretne ekstravagancije, možda fini sivi biser – „Meinboher"; i gospođu Vilijama S. Pejlija kako ruča sa svojom sestrom, suprugom Džona Hej Vitnija. Pored njih je sedeo meni nepoznat par: četrdesetpetogodišnja žena bez lepote, ali vrlo zgodno skockana, u smeđem „balansijaga" kostimu, za čiji je rever bio zakačen broš od dijamanata boje cimeta. Njen kompanjon bio je znatno mlađi, dvadeset-dvadesetdvogodišnja čila, suncem opaljena skulptura koja je izgledala kao da je leto provela jedreći sama po Atlantiku. Njen sin? Ne, jer... upalio joj je cigaretu, dodao joj je, a onda su im se prsti značajno dodirnuli; potom su se uhvatili za ruke.

„... stari brajko se ušunjao u moju sobu. Bilo je šest ujutru, idealan čas da uhvatite nekog ko je stvarno grogi, da ga stvarno iznenadite, i kad sam se probudila, on je već bio među čaršavima, s jednom rukom preko mojih usta, i drugom koja je šarala naokolo. Pravi bezobrazluk – u svojoj rođenoj kući, dok oko nas spava cela familija. Ali svi ti Kenedijevi su takvi; ponašaju se kao psi, moraju da se ispišaju na svaki hidrant. Ipak, starom momku se mora odati priznanje, a kad je video da neću da vrištim bio je tako zahvalan..."

Ali nisu razgovarali, starija žena i mladi moreplovac; držali su se za ruke, onda se on nasmešio, pa se i ona nasmešila.

„Posle se – možeš li da zamisliš? – pretvarao da se ništa nije desilo, nije bilo nijednog miga, niti znaka glavom, ponašao se kao dobri stari tata moje školske ortakinje. Neobjašnjivo i prilično okrutno; na kraju krajeva, uzeo me je, a ja sam se čak pretvarala da uživam: trebalo je da usledi neko sentimentalno priznanje, neka tričarija, kutija cigareta... Shvatila je da se interesujem za nešto drugo, pa joj oči odlutaše do neverovatnih ljubavnika. „Znaš li tu priču?", reče.

„Ne", rekoh. „Ali vidim da neka priča sigurno postoji."

„Mada, nije ono što si ti pomislio. Ujka Vili bi od ovoga mogao napraviti nešto božanstveno. Baš kao i Henri Džejms – on bi bio još bolji od Ujka Vilija, jer bi Ujka Vili varao, i zarad prodaje filma pretvorio Delfinu i Boba u ljubavnike."

Delfina Ostin iz Detroita: čitao sam o njoj u kolumnama – naslednica udata za mermerni stub njujorškog klupskog života. Bobi, njen družbenik, bio je Jevrejin, sin hotelskog magnata S. L. L. Semenenka, i prvi muž mlade uvrnute filmske lepojke koja se razvela od njega da bi se udala za njegovog oca (i od koje se otac razveo kad ju je uhvatio *in flagrante* sa nemačkim ovčarskim psom, ne šalim se).

Prema Lejdi Ini, Delfina Ostin i Bobi Semenenko bili su nerazdvojni otprilike cele protekle godine, svakog dana su ručavali u *Côte Basque, Lutèce*-u i *L'Aiglon*-u, a zimi su putovali u Gštad i Lajford Kej, gde su skijali, plivali, širili se u najvećoj mogućoj meri, jer cehovi nisu bili junske i januarske frivolnosti, već čvrsta osnova za dvostruke, dva-računa-i-tri-maramice varijacije na stare plakaonice Bet Dejvis, kao što je *Tamna pobeda*: oboje su umirali od leukemije.

„Hoću da kažem, belosvetska žena i lep mladić koji putuju, noseći smrt, koja im je zajednički ljubavnik i prijatelj. Ne misliš li da bi Henri Džejms mogao uraditi nešto s tim? Ili Ujka Vili?"

„Ne. Za Džejmsa je to i suviše banalno, a za Moma nedovoljno banalno."

„Pa, moram priznati da bi gospođa Hopkins napravila finu priču."

„Ko?", rekoh.

„Ona što stoji tamo", reče Ina Kulbert.

A ta gospođa Hopkins... Riđokosa žena u crnom; crni šešir sa ukrasnim velom, crno „meinboher" odelo, crna tašna od krokodilske kože, cipele od krokodilske kože.

Uvo g. Soulea se podiglo dok je ona stajala, šapućući mu nešto; i, odjednom, svi su šaputali. Gospođa Kenedi i njena sestra nisu izmamile nimalo žamora, niti su to učinili ulasci Lorin Bekol, Ketrin Kornel i Kler But Lus. Međutim, gospođa Hopkins bila je *une autre chose*[1]*:* senzacija koja će uznemiriti i najuglađenijeg klijenta Côte Basque. Nije bilo nikakve tajanstvenosti u pažnji koja joj je poklonjena dok je hodala s glavom pognutom prema stolu za kojim ju je već čekao pratilac – katolički sveštenik, jedan od onih prefinjenih, neuhranjenih Otac-D'-Arsi sveštenika koji se, izgleda, osećaju kao kod svoje kuće kad god nisu u manastirima, već se druže sa veoma grandioznim i veoma bogatim osobama iz vino-i-ruže stratosfere.

„Samo", reče lejdi Ina, „En Hopkins može da smisli nešto ovakvo. Reklamiranje svoje potrage za duhovnim savetom, uz najveći mogući publicitet. Jednom drolja, uvek drolja."

„Ne mislite da je tu reč o nesrećnom slučaju?", rekoh.

„Izađi iz rovova, dečko. Rat je završen. Naravno da to nije bio nesrećni slučaj. Ubila je Dejvida s predumišljajem. Ona je ubica. Policiji je to poznato."

„Pa kako se, onda, izvukla?"

„Izvukla se jer je porodica tako htela. Dejvidova porodica. I baš kao i u Njuportu, stara gospođa Hopkins bila je dovoljno moćna da ih ubedi. Jesi li upoznao Dejvidovu majku? Hildu Hopkins?"

„Samo jednom sam je video, prošlog leta, u Sautemptonu. Kupovala je patike. Pitao sam se šta će ženi njenih godina, a ona sigurno ima osamdeset, patike. Izgledala je kao... neka veoma stara boginja."

„Ona baš to i jeste. Zato se En Hopkins izvukla, uprkos hladnokrvnom ubistvu. Njena svekrva je boginja Roud Ajlanda. I svetica."

---

[1] Nešto sasvim drugo (fr.) – (Prim. prev.)

En Hopkins je, dignutog vela, nešto šaputala svešteniku koji je, u servilnom zanosu, gibsonom češao svoje izgladnele modre usne.

„Ipak, to *bi mogao biti* nesrećan slučaj. Sudeći po novinama. Koliko se sećam, upravo su se bili vratili sa diner-partija u Voč Hilu i otišli na spavanje, u različite sobe. Nije li se negde u to vreme desilo nekoliko provala, jedna za drugom? – zato je i držala sačmaru pored kreveta, i odjednom, u mraku, vrata njene dnevne sobe su se otvorila, ona je zgrabila sačmaru i pucala u osobu koju je smatrala uljezom. Ali to je bio njen muž. Dejvid Hopkins. S rupom u glavi.

To je ona rekla. To je rekao njen advokat. To je rekla policija. To su rekle novine... čak i *Tajms*. Ali, to se nije dogodilo." Udahnuvši poput gnjurca, Ina poče: „Bila jednom jedna drečava mala ubica temena boje šargarepe koja se dokotrljala u grad iz Vilina ili iz Logana – odnekud iz Zapadne Virdžinije. Imala je osamnaest godina, odgajali su je na neki seosko-sirotinjski način, već se bila udala i razvela; bar je rekla da je mesec ili dva bila u braku sa nekim marincem i da se razvela kad je on nestao (imaj to u vidu: to je važna indicija). Zvala se En Katler, i izgledala je otprilike kao nekakva zlobna Beti Grejbl[1]. Radila je kao kol-gerla za makroa koji je bio glavni portir u 'Valdorfu'; štedela je novac, uzimala časove igranja i završila kao omiljeno meso jednog od nadriadvokata, Frenkija Kostela, koji ju je stalno odvodio u 'El Moroko'. To se dešavalo u ratno vreme – 1943 – pa je kod Elmera sve vrvelo od gangstera i vojnih šuški. Ali jedne večeri pojavio se obični mladi marinac; ispostavilo se da uopšte nije običan: otac mu je bio jedan od najuštogljenijih – i najbogatijih – ljudi Istoka. Dejvid je posedovao nešto slatko u sebi, stvarno je dobro izgledao; u stvari, je bio isti kao stari gospodin Hopkins – analno orijentisan član episkopske crkve. Škrt. Uzdržan.

---

[1] Beti Grejbl – zvezda mjuzikala *Twentieth Century-Fox*-a iz četrdesetih godina. – (Prim. prev.)

Nimalo uklopljen u društvo u kafeu. Ali, došao je kod Elmera, vojnik na odsustvu, napaljen, i pomalo ustondiran. Jedan od Vinčelovih pajaca bio je tamo, prepoznao je Hopkinsovog malog; platio je Dejvidu piće i rekao da mu može namestiti bilo koju od devojaka, neka ih sve pogleda i izabere jednu, i Dejvid, jadni podlac, reče da mu je okej ona riđa sa dugmetastim nosem i velikim sisama. I tako, Vinčelov pajac šalje joj poruku, i u zoru mali Dejvid zatiče sebe ukliještenog u stručni Kleopatra-zahvat.

Sigurna sam da je to bilo Dejvidovo prvo iskustvo sa nečim manje primitivnim od stomak-uz-stomak trljanja sa srednjoškolskim cimerom. Otkačio je, ali čovek ga ne može kriviti; znam jednog veoma odraslog gospodina ledenih muda koji je otkačio zbog En Hopkins. Mudro je postupala sa Dejvidom; znala je da je upecala budžovana, iako je on bio tek dete, tako da je prestala da radi ono što je dotle radila i dobila posao u prodavnici ženskog donjeg rublja u Saksu; nikad nije iznuđivala ništa, odbijala je svaki poklon skuplji od tašne, a sve dok je on bio u vojsci svakog dana mu je pisala po jedno pismo, prijatno i nevino poput kompleta pelena. U stvari, bila je napumpana; dete jeste bilo njegovo, ali nije mu ništa rekla sve dok ponovo nije došao na odsustvo i zatekao svoju devojku u četvrtom mesecu trudnoće. E, tu je pokazala onaj otrovni *élan* po kojem se one zaista opasne guje razlikuju od običnih pilećih zmija: rekla mu je da ne želi da se uda za njega. Da se neće udati za njega ni pod kakvim uslovima jer nema nameru da vodi hopkinsovski život; ona nema ni poreklo niti urođenu sposobnost, što bi joj omogućilo da se nosi s tim životom, a sigurna je da je ni njegova porodica ni njegovi prijatelji nikad ne bi prihvatili. Rekla je kako nikad neće poželeti ništa više od skromnog izdržavanja deteta. Dejvid je protestovao, ali, naravno, bilo mu je lakše, bez obzira na to što je s tom pričom ipak morao da ode kod oca – Dejvid nije imao svoj novac.

Tada je En napravila svoj najprepredeniji potez; odradila je domaći zadatak, tako da je znala sve što se moglo znati o Dejvidovim roditeljima; zato je i rekla: 'Dejvide, jednu stvar zaista bih volela da uradim. Želim da upoznam tvoje roditelje. Skoro da nikad nisam imala svoju porodicu, pa bih volela da moje dete ima povremene kontakte s dedom i babom. I njima bi se to moglo dopasti.' *C'est très joli, très diabolique, non?* I upalilo je. Ne, gospodin Hopkins nije bio obmanut. Odmah je rekao da je devojka kurva, i da neće videti nijednog njegovog novčića; ali Hilda Hopkins je nasela – verovala je toj sjajnoj kosi i tim plavim džidžabidžastim očima, čitavom jadna-mala-dobra-partija-za-udaju mamcu koji joj je En bacila. Pošto je Dejvid bio najstariji sin, a njoj se žurilo da dobije unuče, učinila je upravo ono što joj je nalagao Enin kockarski potez: ubedila je Dejvida da se oženi, a svoga muža da – ako ne baš prećutno odobri, a ono bar ne zabrani sklapanje tog braka. Neko vreme se činilo da je gospođa Hopkins bila vrlo mudra: svake godine bila je nagrađivana s po jednim unukom, sve dok ih nije bilo troje, dve devojčice i jedan dečak; Enin društveni uspon bio je neverovatno brz – jurila je nezadrživo, bez obaziranja na bilo kakva ograničenja brzine. Ona je, sigurno, savladala esencijalne stvari, to ti mogu reći. Naučila je da jaše i postala najkonjskija konjska ženturača u Njuportu. Studirala je francuski, imala je francuskog batlera i konkurisala za Listu najbolje obučenih, ručavajući sa Eleonorom Lambert, vikendom je dovodeći u goste. O nameštaju i štofovima učila je od Sestre Pariš i od Bilija Boldvina; a mali Henri Geldcaler rado je dolazio na čaj (Čaj! En Katler! Moj Bože!) i s njom razgovarao o modernim slikama.

„Ali odlučujući element njenog uspeha, ukoliko se ostavi po strani činjenica da se udala za veliko njuportsko ime, bila je kneginja. En je shvatila nešto što samo najpametniji društveni penjači uspevaju da shvate. Ako želiš da se glatko i bezbedno provozaš sa dubina na površinu, najsigurnije ti je da uočiš ajkulu i da sebe, poput pilot-ribe, prikačiš za nju. Ovo u istoj meri važi za Keokuk[1], gde čovek šalje poruku lokalnom dileru gospođe Ford, baš kao i za Detroit, gde možete pokušati i da lično kontaktirate gospođu Ford – ali i za Pariz i Rim. Ali, zašto bi En Hopkins, koja je udajom postala Hopkinsova i snaja Hilde Hopkins, trebala kneginja? Zato što joj je trebao blagoslov nekoga sa očigledno visokim standardima, nekoga sa internacionalnim uticajem, ko bi svojim prihvatanjemućutkao hijene koje se smeju. A ko bi to bio bolji od kneginje? Što se kneginje tiče, ona pokazuje puno tolerantnosti prema laskanju bogatih dama-čekalica, onih što se uvek pobrinu o čeku; pitam se da li je keginja ikada platila račun. Ali to nije ni važno. Ona pruža ugled. Ona spada u neobičnu žensku pasminu koja je sposobna za iskreno prijateljstvo sa nekom drugom ženom. Nema sumnje da je bila sjajna prijateljica En Hopkins – konačno, kneginja je prevelika umetnica foliranja da ne bi provalila nekog ko je isti kao ona; no, ono što ju je zabavilo bila je ideja da preuzme ovu kartašicu hladnih očiju, izlakira je sa malo pravog stila, i lansira u odgovarajuće krugove, a mlađa gospođa Hopkins postala je prilično ozloglašena – iako nije imala stila. Otac druge Hopkinsovice bio je Fon Portago, to je bar ono što svi kažu, a sam Bog zna da ona zaista izgleda vrlo *espagnole*; bilo kako bilo, En Hopkins je definitivno vozila svoju mašinu na Gran-Pri način.

„Jednog leta ona i Dejvid uzeli su kuću na Kep Feratu (pokušavala je da druženjem sa Ujka Vilijem krišom prokrči svoj put: čak je naučila da igra i prvoklasni bridž; ali Ujka Vili je rekao da, iako je bila žena o kojoj je s uživanjem pisao, nije bila neko kome bi verovao za svojim kartaškim stolom), a na potezu između Nice i Montea, svaki pubertetlija znao ju je kao Madam Marmeladu – jer je njen omiljeni *petit déjeuner* bio vrući đoka premazan najboljim „dandijem"[2]. Mada, rečeno mi

---

[1] Grad na krajnjem jugoistoku Ajove, SAD. – (Prim. prev.)
[2] *Dandi* – čuvena marka marmelade nazvana po škotskom gradu u kojem se proizvodi i pakuje. – (Prim. prev.)

je da najviše voli džem od jagoda. Mislim da Dejvid nije shvatio stvarne razmere ovog flamenka, ali bio je očajan, u to nema sumnje, pa se nakon nekog vremena zacopao baš u onu devojku kojom je prvobitno trebalo da se oženi – dalju rođaku, Meri Kendal, ne baš lepoticu, ali svakako jednu osećajnu, privlačnu devojku koja je oduvek bila zaljubljena u njega. Ona je bila verena za Tomija Bedforda, ali je veridbu raskinula kad ju je Dejvid upitao da li bi se udala za njega. *Ukoliko* on bude mogao da dobije razvod. Mogao je; ali to je koštalo, po Eninom mišljenju, pet miliona dolara, ne uključujući porez. Dejvid još uvek nije imao svoju kintu, a kad je ovaj predlog preneo ocu, gospodin Hopkins je rekao *nikada!*, dodavši da ga je sve vreme upozoravao da je En ono što jeste, loš prtljag, ali da Dejvid nije slušao, pa je to sada njegov teret, a sve dok je otac živ ona nikad neće dobiti dozvolu za izmigoljavanje. Onda je Dejvid iznajmio detektiva i nakon šest meseci imao dovoljno dokaza, uključujući polaroide na kojima je od napred i otpozadi tucaju dva džokeja iz Saratoge, ne samo za razvod, već i za njeno hapšenje. Ali kad joj se Dejvid usprotivio, En se nasmejala i rekla da mu njegov otac nikada neće dozvoliti da iznese takvu prljavštinu pred sud. Bila je u pravu. Interesantna je činjenica da je, diskutujući o problemu, gospodin Hopkins Dejvidu rekao da, pod ovakvim okolnostima, ne bi zamerio svom sinu ukoliko ubije ženu a onda ne priča o tome, ali Dejvid se svakako nije mogao razvesti od nje i snabdeti štampu takvim đubretom.

„U tom momentu Dejvidovog detektiva je posetilo nadahnuće; nesrećno, jer da nije realizovano, Dejvid bi možda još uvek bio živ. Detektiv se dosetio nečega: pretražio je farmu Katlerovih u Zapadnoj Virdžiniji – ili je to bilo u Kentakiju? – i razgovarao s rođacima koji se nisu čuli s njom nakon što je otišla u Njujork, niti su znali za njenu veliku inkarnaciju, bila im je poznata samo kao žena Bili Džo Barnsa, glavatog brđanina, a ne kao gospođa Dejvida Hopkinsa. Detektiv je iz lokalnog suda dobavio kopiju bračnog sertifikata, a potom je ušao u trag tom Biliju Džo Barnsu, pronašao ga u San Dijegu, gde je ovaj radio kao avio-mehaničar, i nagovorio ga da potpiše pisanu izjavu u kojoj tvrdi da je stupio u brak sa En Kater, da se nikad nije razveo od nje, da se nije ponovo ženio, da se, jednostavno, vratio iz Okinave i otkrio da je ona nestala, ali, koliko on zna, ona je još uvek gospođa Bilija Džo Barnsa. Naravno da je bila njegova gospođa! – čak i najbistriji kriminalni umovi poseduju crtu bazične gluposti. A kad joj je Dejvid preneo informaciju, rekavši joj: 'Sad više nećemo imati onih ultimatuma sa puno nula, pošto nismo legalno venčani', odlučila je da ga ubije, upravo tada je odlučila, nema sumnje: odluku su doneli njeni geni, neizbežni vajt-treš u njoj, uprkos tome što je znala da će Hopkinsovi prirediti poštovanja dostojan 'razvod' i obezbediti krajnje solidnu naknadu; ali je takođe znala da će, ukoliko ubije Dejvida, i izvuče se nekažnjena, njoj i njenoj deci jednoga dana pripasti njegovo nasledstvo, što se, opet, neće desiti ako se on venča sa Meri Kendal i zasnuje drugu porodicu.

„Zato se i pretvarala da je dala pristanak i rekla Dejvidu da nema svrhe svađati se, sad kad je on drži u šaci, ali da li bi on nastavio da živi s njom još mesec dana, dok ona ne sredi svoje poslove? Složio se, idiot; ona je odmah počela da radi na legendi o uljezu – dvaput je zvala policiju, tvrdeći da se neko šunja oko kuće; ubrzo su posluga i većina komšija bili ubeđeni da čitav kraj vrvi od uljeza, a zapravo, samo kuća Nini Volkot bila je obijena, a to je verovatno učinio neki provalnik, ali sada čak i Nini priznaje da to mora da je uradila En. Kao što se možda sećaš, ukoliko si pratio slučaj, Hopkinsovi su one večeri kad se sve desilo otišli na parti kod Volkotovih. Bila je to večera povodom praznika rada sa oko pedeset gostiju; sedela sam pored Dejvida. Delovao je veoma opušteno, pun osmejaka, pretpostavljam zbog toga što je mislio da će se uskoro otarasiti te kučke i oženiti svojom rođakom Meri; a En je nosila bledo zelenu haljinu, skoro da je i sama bila zelena od napetosti – neprestano je, poput umobolnog šimpanze, brbljala o uljezima i provalnicima i o tome kako sada spava sa sačmarom pored kreveta. Prema *Tajmsu*, Dejvid i En su napustili Volkotove nešto malo posle ponoći, a kad su stigli kući, gde nije bilo nikog, jer je posluga bila na odmoru, a deca kod dede i babe u Bar Harburu, otišli su u svoje odvojene spavaće sobe. En je pričala, i još uvek priča istu priču: otišla je pravo na spavanje, ali posle pola sata je bila probuđena zvukom otvaranja vrata svoje spavaće sobe: ugledala je nejasnu figuru – uljez! Zgrabila je sačmaru i u onom mraku počela da puca, ispraznivši oba burenceta. Onda je upalila svetlo i, o užasa nad užasima, mogla da vidi Dejvida, ispruženog u hodniku i prilično ohlađenog. Međutim, kad su ga policajci pronašli, nije ležao tu. Jer tu nije bio ubijen, niti je bio ubijen na takav način. Policajci su našli telo u zastakljenoj tuš kabini, golo telo. Voda još uvek nije bila zatvorena, a vrata kabine bila su izrešetana mecima."

„Drugim rečima –" počeh.

„Drugim rečima" – složi se Lejdi Ina; ali sačekavši da glavni kuvar, nadziran od strane oznojenog gospodina Soulea, završi sipanje suflea Furstenberg – „ništa u Eninoj priči nije bilo tačno. Šta li je očekivala, kako će joj ljudi poverovati, to sam Bog zna; ona ga je, jednostavno, kad su stigli kući i kad se Dejvid skinuo da bi se istуširao, otpratila tamo s puškom u ruci i upucala ga kroz vrata od tuš kabine. Možda je nameravala da kaže kako je provalnik ukrao njenu sačmaru i ubio ga. Ako je tako, zašto nije zvala doktora, zašto nije zvala policiju? Umesto toga, ona je telefonirala svom *advokatu*. Da. A *on* je zvao policiju. Ali *tek pošto* se javio Hopkinsovima u Bar Harburu."

Sveštenik je lokao još jedan gibson; En Hopkins mu je, savivši glavu, još uvek šaputala nešto u poverenju. Svoje voskaste prste, neizlakiranih noktiju, ukrašene samo burmom od čistog zlata, izgrickane, bila je položila na grudi, kao da prebira po kuglicama brojanice.

„Ali ako je policija znala istinu –"
„Naravno da su znali."
„Ali, onda ne vidim kako je našla načina da se izvuče. Neshvatljivo."
„Rekla sam ti", reče Ajna oporo, „izvukla se jer je to želela Hilda Hopkins. Radilo se o deci: bilo je dovoljno tragično što su izgubila oca, kakve bi koristi imala od toga što će im majka biti osuđena za ubistvo? Hilda Hopkins, pa i stari gospodin Hopkins, želeli su da En prođe bez kazne; a Hopkinsovi su, na svom terenu, mogli da ispiraju pandurske mozgove, da izvrću njihovu svest, da pomeraju leševe iz tuš kabina u hodnike; mogli su da kontrolišu istragu – Dejvidova smrt je proglašena nesrećnim slučajem, u istrazi koja je trajala jedan nepun dan." Pogledala je En Hopkins i njenog prijatelja, koji su sedeli preko puta – ovaj više nije slušao preklinjuće mrmljanje svoje patronese, već je, dok mu se klerikalno čelo oblivalo skerletnim, dva-koktela rumenilom, prilično staklasto i šašavo zurio u gospođu Kenedi, kao da će svakog trenutka bezglavo dotrčati do nje i zamoliti je da mu se potpiše na jelovnik. „Hilda se izvrsno ponašala. Nije napravila ni jednu jedinu grešku. Čovek nikad ne bi posumnjao da nije iskrena, nežna i ožalošćena zaštitnica ucveljene i vrlo zakonite udovice. Zove je na svaki svoj diner-parti. Čudi me samo jedna stvar, baš kao i sve ostale – o čemu li pričaju kad su same?" Ina je izabrala list iz svoje salate, ubola ga viljuškom, proučavala ga kroz tamu naočara. „Postoji najmanje jedna osobina koja bogate ljude, one zaista bogate, čini različitim od... ostalih ljudi. Oni razumeju *povrće*. Ostali ljudi – pa, svako može priuštiti goveđu šniclu, veliki biftek, jastoga. Ali, da li si primetio kako u domovima vrlo bogatih ljudi, kod Vrajtsmansa ili kod Dilona, kod Banija i Bejbsa, uvek služe samo najdivnije povrće, i to sve moguće vrste povrća? Najzeleniji *petits pois*, infinitezimalne šargarepe, kukuruz čije je jezgro sasvim mlado, bebasto i koji je toliko nežan, da ti se čini da još nije ni rođen, *lima* pasulj majušniji od mišjih očiju, i mladi

asparagus! glavice salate! presne crvene pečurke! tikvice... Lejdi Inu je hvatao šampanjac.

Gospođa Matau i gospođa Kuper su se prepustili *cafe filtre*-u. „Znam", razmišljala je gospođa Matau, koja je analizirala ženu ponoćnog TV-klovna/heroja, „Džejn jeste navalentna: svi ti telefonski pozivi – Hriste, što ne okrene 'Telefonsku molitvu', njoj može da priča sat vremena. Ali, ipak je bistra, brzo povlači poteze, a zamisli samo šta sve mora da trpi. Pričala mi je o svojoj poslednjoj epizodi: pakao. Bob je imao slobodnu nedelju, nije radio svoj šou – bio je toliko iscrpljen da je rekao Džejn da žcli da ostane u kući i provede celu sedmicu baškareći se u pidžami, a Džejn je bila ekstatična; kupila je na stotine časopisa, knjiga i novih longplejki, i sve moguće namirnice iz *Maison Glass*-a. O, to je trebalo da bude divno veče. Samo Džejn i Bobi koji spavaju, tucaju se i doručkuju pečene krompire s kavijarom. Ali posle jednog takvog dana, on je ispario. Te noći se nije vratio kući, niti je zvao. Iako mu to, istini za volju, nije bio prvi put, Džejn je potpuno poludela. Nestanak nije mogla prijaviti policiji; kakva bi to senzacija bila. Prošao je još jedan dan, a od njega ni glasa. Džejn nije spavala četrdeset osam sati. Oko tri ujutru zvoni telefon. Bobi. Razbijen. Ona mu kaže: 'Bože Bobi, pa gde si ti?' On kaže da je u Majamiju, a ona mu, sad već gubeći živce, kaže pa jebo te kako si stigao do Majamija, a on odgovara da je, o, otišao na aerodrom i ušao u avion, a ona mu kaže pa jebo te zašto, a on njoj kaže zato što sam želeo da budem sam. Džejn mu onda kaže: 'I, da li si sada sam?' A, Bobi, ti znaš kakav je on sadista, znaš da je njegov haklberijevski kez obična maska, Bobi joj kaže: 'Ne. Neko leži pored mene. Ona bi želela da razgovara s tobom.' Začuje se uplašeni kikotavi hidrogenski glasić: Stvarno, ovo je stvarno gospođa Bakster, hi hi? Mislila sam da se Bobi šali, hi hi. Baš slušamo na radiju kako tamo, u Njujorku, pada sneg – mislim, trebalo bi da budete ovde, s nama, ovde je devedeset[1] stepeni!' A Džejn joj kaže glasom veoma prevarene osobe: 'Bojim se da sam suviše bolesna da bih putovala.' A hidrogenka, sva lepršavo ožalošćena: 'Auu, žao mi je. A šta vam je, dušo?' A Džejn kaže: 'Imam težak sifiliščić i starog trišu, dobila sam ih zaslugom tog velikog komičara, mog muža, Bobija Bakstera – pa ako ne želite da se i vama desi ista stvar, predlažem vam da se gubite odatle.' Onda je spustila slušalicu."

Ova priča je zabavila gospođu Kuper, istina, ne baš preterano; pre bi se moglo reći da ju je zbunila. „Kako bilo koja žena može tolerisati takve stvari? Ja bih se razvela od njega."

„Naravno da bi se razvela. Ali, ti imaš dve stvari koje Džejn nema."

„O?"

„Pod jedan: kintu. I pod dva: identitet."

Lejdi Ina je naručila još jednu bocu „kristala". „Što da ne?", upita ona, prkosno reagujući na moju zabrinutu grimasu. „Opusti se, Džounsi. Nećeš morati da me nosiš na krkače. Jednostavno mi je tako došlo: da razbijem dan u zlatnu paramparčad." Sada će mi, mislio sam, reći šta u stvari želi, ali ne želi da mi kaže. Ne, još neće. Umesto toga kaže mi: „Jesi li za jednu zaista odvratnu priču? Za jednu priču koja stvarno izaziva povraćanje? Ako jesi, pogledaj levo. Pogledaj onu krmaču koja sedi pored Betsi Vitni."

I jeste bila nekako svinjasta. Naduvena mišićava beba sa pegavim, Bahamima oprljenim suncem i škiljavim zlim očima; moglo se pretpostaviti da nosi grudnjake od tvida i da stalno igra golf.

„Guvernerova žena?"

---

[1] Devedeset stepeni Farenhajtove skale ili 32 °C. – (Prim. prev.)

„Guvernerova žena", reče Ina, klimajući glavom i sa melanholičnim prezirom zureći u tu ružnu zver, u zvaničnu ženu bivšeg guvernera Njujorka. „Verovao ili ne, jednom od najzgodnijih među svim momcima koji su ikada ušli u pantalone dizao se kad god bi ugledao tu bizonsku lezbaču. Sidni Dilon –" to ime je, u Ininom izgovoru, bilo nežno šištanje. .

Da utanačimo. Sidni Dilon. *Conglomateur*, predsednikov savetnik, stara Inina strast. Sećam se, jednom sam od Ine uzeo nešto što je, posle Biblije i *Ubistva Rodžera Akrojda*, njena omiljena knjiga – *Moju Afriku* Isaka Dinesena; iz knjige je ispala polaroid fotografija kupača koji stoji na obali; žilavog, dobro građenog muškarca dlakavih grudi i svetlucavo namrštenog i odlučnog jevrejskog lica; njegove kupaće bile su svučene do kolena, jedna ruka je na seksi način bila položena na kuk, a drugom je drkao tamni debeli vlažni kurac. Na poleđini, zapis zabeležen Ininim dečačkim rukopisom: *Sidni. Lago di Garda. Na putu za Veneciju. Jun, 1962.*

„Dil i ja smo jedno drugome sve pričali. On je dve godine bio moj ljubavnik, u periodu kad sam završila koledž i počela da radim u *Harpers Bazaru*. Posebno me je zamolio da ne pominjem jednu stvar – njegove poslove sa guvernerovom ženom; kučka sam što ovo govorim, a možda i ne bih da mi se u tintari ne množe ovi blaženi mehurići –" Podigla je svoj šampanjac i kroz njegovu sunčanu mehuravost gvirila u mene. „Gospodo, pitanje glasi: zašto bi obrazovan, dinamičan, vrlo bogat i dobro obdaren Jevrejin pošandrcao za kretenskom četrdesetogodišnjakinjom protestantskih gabarita koja nosi cipele sa niskim potpeticama i miriše se lavandinom vodicom? Posebno ako je oženjen Kliom Dilon, po mom mišljenju najdivnijim živim stvorom, izuzimajući, sve do pre nekih deset godina, Garbo (uzgred, poslednji put sam je videla jedne večeri kod PBGantersa, i moram reći da je čitavo to foliranje delovalo veoma autentično, suvo i izloženo promaji poput napuštenog zamka, poput nečega što je izgubljeno u džunglama Angkor Vata[1]; to ti se desi kad provedeš najveći deo života voleći samo sebe, ali ne baš puno.)

„Dil je sada zašao u šezdesete; još uvek može imati svaku ženu koju poželi, pa ipak, godinama je žudeo samo za onom svinjom tamo. Sigurna sam da nikada nije u potpunosti shvatio ovu ultra perverziju, razlog koji stoji iza nje; a ako jeste, nikada to nije priznao, čak ni psihoanalitičaru – kakva ideja! Dil kod psihoanalitičara! Ljudi kao on nikada ne mogu biti analizirani jer nijednog muškarca ne smatraju ravnim sebi. A što se tiče guvernerove žene, jednostavno se radilo o tome da je za Dila ona bila živa inkorporacija svega što mu je, ma koliki prevarant i bogataš bio, uskraćivano i zabranjivano kao Jevrejinu: 'Rekit kluba', 'L' Džokej'-a, 'Linksa', 'Vajtsa' – svih onih mesta gde nikad nije mogao sesti za sto, radi jedne partije bekgemona, svih onih golf-tečajeva gde nikad neće ubaciti lopticu – Everglejdsa i Seminola, Mejdstouna, i Sent Pola i Sent Marka i sličnih mesta, svih svetačkih novoengleskih školica u koje njegovi sinovi nikad neće ići. Priznao on to ili ne, to je bio razlog zbog kojeg je želeo da jebe guvernerovu ženu, da se sveti toj samozadovoljnoj svinjskoj zadnjici, da je tera da se znoji i čiči i zove ga tatom. Istina, držao se na odstojanju i, ničim ne nagoveštavajući svoju zainteresovanost za tu damu, čekao trenutak srećne zvezdane konstalacije. Taj je trenutak stigao neplanirano – jedne večeri otišao je na diner-parti kod Kaulesovih[2]; Klio je

---

[1] Angkor Vat, arheološko nalazište u severoistočnom delu današnje Kambodže. Grad Ankgor je od IX do XV veka bio prestonica kmerske imperije, a Ankgor Vat obuhvata kompleks hramova koje je u XII veku sagradio kralj Sarajavarman II. – (Prim. prev.)

[2] Porodica Kaules, poreklom iz Ajove, proslavila se i obogatila izdavanjem magazina i dnevnih novina. Njihov časopis *Look*, tokom četrdesetih i pedesetih, predstavljao je, kako po tiražu, tako i po kvalitetu, ozbiljnu konkurenciju *Life*-u Henrija Lusa. Utemeljivač ove žurnalističke imperije Džon Kaules

bila otišla u Boston. Na večeri je guvernerova žena sedela pored njega; i ona je došla sama, guverner je negde odrađivao svoju kampanju. Dil se šalio, zaslepljen; ona je sedela tamo, sa svojim svinjskim pogledom i svojom indiferentnošću, ali nije delovala iznenađeno kad je on protrljao svoju nogu o njenu, i kad ju je upitao da li je može posetiti, klimnula je glavom, manje sa entuzijazmom, a više sa nekakvom odlučnošću koja ga je podstakla da oseti da će ona spremno prihvatiti sve što joj on bude predložio.

„U to vreme Dil i Klio su živeli u Grinviču; prodali su svoju gradsku kuću na Rivervju Terisu i dobili samo dvosoban *pied-á-terre*[1] u 'Pjeru', samo dnevnu i spavaću sobu. U kolima, pošto su napustili Kaulesove, predložio je da svrate do 'Pjera' na noćno pićence: želeo je njeno mišljenje o njegovom novom Bonaru[2]. Rekla je da će sa zadovoljstvom reći svoje mišljenje; a zašto ga takav idiot ne bi imao? Nije li njen muž bio u upravnom odboru Modernog[3]? Kad je videla sliku, ponudio joj je piće, a ona je rekla da bi želela brendi; srk-srkutala ga je, sedeći za stočićem, naspram njega, između njih dvoje ništa se nije dešavalo, izuzev što je ona odjednom postala vrlo govorljiva – pričala je o rasprodaji konja u Saratogi, i o rupa-za-rupom partiji golfa koju je igrala sa Dokom Holdenom na Lajford Keju; o tome koliko joj je novaca Džoan Pejson uzela na bridžu i kako je zubar kod kojeg je išla od detinjstva umro, pa sad ne zna šta da uradi sa svojim zubima; o, brbljala je i brbljala skoro do dva, a

---

(1898–1983) godinama je učestvovao u radu direktorskog odbora *Associated Press*-a, a od 1962. do 1969. bio je član vladinog Komiteta za kontrolu naoružanja i razoružanja. – (Prim. prev.)

[1] *pied-á-terre* (fr.) – privremeno boravište. – (Prim. prev.)

[2] Pjer Bonar (1867–1947) francuski slikar, u periodu posle drugog svetskog rata slavniji i od samog Pikasa, karakterističan po suptilnom, atmosferičnom tretiranju svetlih tonova. – (Prim. prev.)

[3] Misli se na Muzej moderne umetnosti u Njujorku. – (Prim. prev.)

Dil je stalno gledao na sat, ne samo zato što je imao dugačak dan i što je žudeo, već i zato što je očekivao da se Klio jutarnjim avionom vrati iz Bostona: rekla je da će doći do Pjera, da ga vidi pre nego što on krene u kancelariju. I, najzad, dok je čangrljala o zubnim kanalima, on je prekinu: „Izvinite, draga, da li vi želite da se jebete ili ne?" Jednu stvar treba reći o aristokratama, čak i oni najgluplji među njima u sebi imaju odnegovan nekakav šlif; i tako, slegnula je ramenima – „Pa, da, rekla bih da želim" – kao da ju je prodavačica upitala želi li da pogleda šešir. Pomalo rezignirana, doduše, zbog tog starog, dobro poznatog, trgovačkog, jevrejskog bezobrazluka.

„U spavaćoj sobi ga je zamolila da ne pali svetla. Bila je sasvim odlučna u tom zahtevu – čovek je ne može kriviti zbog toga, ukoliko zna kakva se papazjanija desila na kraju. Skinuli su se u mraku, njoj je trebala čitava večnost – odvezivala je, drešila, povlačila rajsferšluse – i nije izustila ni jednu jedinu reč, izuzev što je primetila kako je očigledno da Dilonovi spavaju u istom krevetu, pošto samo jedan krevet i postoji; a on joj reče *da*, on je nežan, mamin sinčić koji ne može da zaspi ako nema nešto mekano uz šta može da se privije. Guvernerova žena nije baš bila neko koga možeš ljubiti i uz koga se možeš privijati. Ljubiti nju, ako je verovati Dilu, isto je što i razmenjivati puse sa mrtvim kitom čije je telo već počelo da truli: zubar joj je bio preko potreban. Nijedan od njegovih trikova nije je se dojmio, samo je ležala, inertna, poput misionara koga, ređajući se, siluju oznojeni Bantu urođenici. Dil nije mogao da svrši. Osećao se kao da šljapka po unutrašnjosti neke čudne pudlice, ambijent je bio toliko klizav da nije mogao da uhvati valjan ritam. Pomislio je da bi možda bilo dobro da joj poliže – ali, tek što je počeo, ona ga je povukla za kosu: „Nenenene, za ime Boga, nemoj to da radiš!" Dil se predao, skotrljao se s nje i rekao: „Verovatno mi ne bi popušila?" Uopšte ga nije udostojila odgovora, pa on reče okej, u redu, samo mi ga izdrkaj, i ponašaćemo se kao da se ništa nije ni desilo, važi? Ali ona je već bila na nogama, rekla je molim te nemoj da pališ svetlo, molim te, i rekla je ne, on ne treba da je prati kući, neka ostane tu gde je, nek legne da spava, i, dok je ležao slušajući je kako se oblači, spustio je ruku dole, da se malo dodiruje, i osetio je da mu je na prstu... osetio je... Skočio je i zveknuo prekidač sijalice. Sve njegove stvari bile su lepljive, čudno su izgledale. Kao da su krvave. I jesu bile krvave. I krevet. Čaršavi s krvavim mrljama veličine Brazila. Guvernerova supruga je upravo bila uzela svoju tašnu, otvorila je vrata, i tada Dil reče: „Šta je sad pa ovo? Zašto si ovo uradila?" A onda je shvatio, ne zbog toga što mu je ona nešto rekla, već zbog njenog pogleda koji je spazio dok je zatvarala vrata: pogledala ga je isto kao Karino, okrutni šef sale kod starog Elmera, u trenucima dok nekog plavo-odelo-i-braon-cipele bizgova dovodi do stola u 'Sajbiriji'. Ismejala ga je, kaznila ga zbog njegove jevrejske drskosti.

„Džounsi, ti ne jedeš?"

„Ovo baš nije pogodovalo mom apetitu. Ovaj razgovor."

„Upozorila sam te da je priča odvratna. A još nismo stigli do najboljeg dela."

„U redu. Spreman sam."

„Ne, Džounsi. Nemoj, ako ćeš od toga da se razboliš."

„Rizikovaću", rekoh.

Gospođa Kenedi i njena sestra su otišle; guvernerova žena je upravo odlazila, Soule se zadovoljno smešio i trčkarao po tragu njenih širokih kukova. Gospođa Matau i gospođa Kuper su još uvek bile tu, ali su bile tihe, s ušima načuljenim u pravcu našeg razgovora; gospođa Matau je gnječila opalu laticu ruže – prsti joj se ukočiše u trenutku kad je Ina nastavila: „Jadni Dil nije bio svestan obima svojih neprilika sve dok nije svukao čaršave s kreveta i shvatio da nema čistu, rezervnu posteljinu. Klio je, vidiš, koristila 'Pjerovu' posteljinu, a svoju uopšte nije držala u hotelu. Bilo je tri sata ujutru, pa, razume se, nije mogao da pozove devojku iz hotelskog servisa: šta da joj kaže, kako da joj objasni gubitak svojih čaršava u ovo doba noći? Poseban pakao nagoveštavala je činjenica da je Klijin dolazak iz Bostona pitanje sati, a on je, bez obzira na svoje jebačine sa strane, uvek imao dovoljno obzira da ne pruži Klii nikave nagoveštaje; iskreno ju je voleo, i, moj Bože, kako da joj objasni ovo s krevetom? Istуširao se hladnom vodom i pokušao da se seti nekog drugara kojeg bi mogao pozvati da skokne ovamo i donese čistu posteljinu. Postojala sam ja, naravno; *meni* je verovao, ali ja sam bila u Londonu. A tu je bio i njegov stari sluga, Vordel. Vordel je bio peško, ludovao je za Dilom, bio mu je sluga dvadeset godina, zauzvrat dobijajući samo privilegiju da sapunja Dila kad god bi se on kupao; ali Vordel je bio star, imao je artritis, Dil nije mogao da ga nazove u Grinič i da ga zamoli da vozi čak do grada. Onda mu je sinulo da ima sto drugara koji mu, zapravo, nisu prijatelji, ne ona vrsta prijatelja koju možeš pozvati u tri ujutru. U svojoj kompaniji je imao više od šesto zaposlenih, ali svi su ga zvali 'gospodin Dilon', nijedan od njih ga nikada nije oslovio drugačije. Momak se sažaljevao, to hoću da ti kažem. I tako, sipao je stvarno čist skoč i počeo da prekopava kuhinju, tražeći sapun za veš, ali nije mogao da ga nađe, pa je na kraju morao da upotrebi 'Gerlanov' *Fleurs des Alpes*. Kako bi oprao čaršave. Pokvasio ih je u kadi, u vreloj vodi. Ribao je i ribao. Ispirao i ribrib-ribao. Eto, moćni gospodin Dilon na kolenima, rinta kao španski seljak na obali nekog potoka.

„Prošlo je pet, prošlo je šest, znoj je lio sa njega, osećao se kao da je zatočen u sauni; rekao je da će sutra, kad se bude merio, otkriti da ima jedanaest funti manje. Nad njim se potpuno razdanilo pre no što su čaršavi bili sasvim beli. Ali i mokri. Pitao se da li bi imalo svrhe kačiti ih na prozor – ili će to samo privući policiju? Na kraju se nosio mišlju da ih osuši u kuhinjskoj rerni. Bio je to jedan od onih malih hotelskih šporeta, ali on ih je nagurao unutra i podesio temperaturu na četiristo pedeset stepeni. I oni su se, brate, pekli: pušili su se, dim je samo kuljao – a ta bitanga je opekla ruku izvlačeći ih. Već je bilo osam sati, nije bilo vremena, pa je zaključio da mu nema druge nego da uzme te vlažne čaršave koji su se pušili, da namesti krevet, legne među njih i izgovori svoje molitve. Moleći se, počeo je da hrče. Kad se probudio, bilo je podne, a na pisaćem stolu stajala je Klijina poruka: 'Dragi, spavao si tako čvrsto i slatko da sam samo ušla na vrhovima prstiju, presvukla se, i otišla u Grinvič. Brzo ću doći kući.'"

Zasitivši se slušanja, madam Kuper i madam Matau su se zbunjeno pripremale da krenu.

Gospođa Kuper reče: „D-draga, na Park Berne se danas popodne održava č-č-čudesna aukcija-gotske tapiserije."

„Pa, jebi ga", upita gospođa Matau, „šta bih radila sa gotskom tapiserijom?"

Gospođa Kuper odgovori: „Mislila sam da bi one mogle biti sjajne za piknike na plaži. Znaš, raširiš ih na pesku."

Izvadivši iz tašne „Bulgarijevu"[1] pudrijeru od belog emajla posutog dijamantskim pahuljicama, predmet koji je ličio na neku snežnu prizmu, lejdi Ina je pufnom puderisala lice. Počela je sa bradom, prešla na nos, a onda iz čista mira, zašljapkala po tamnim staklima svojih naočara.

„Šta to radite, Ina?", rekoh ja.

Ona reče: „Prokletstvo! Prokletstvo!", skide naočare i obrisa ih salvetom. Jedna suza se skotrlja do vrha njene nozdrve, zanjihana poput kapljice znoja – prizor nije baš bio prijatan; baš kao ni njene oči – crvene i zakrvavljene od svakonoćnog, besanog plakanja: „Idem u Meksiko, da se razvedem."

---

[1] Bulgari – poznata rimska firma za izradu skupocenog nakita, osnovana u devetnaestom veku. – (Prim. prev.)

nađu jednog muškarca koji je višak, 'prikladnog' za jednu curu u godinama kakva je Ina Kulbert. Kao da u Njujorku uopšte postoji taj prikladni slobodni muškarac. Ili u Londonu. Ili u Bjutu, Montana, kad smo već kod toga. Svi oni su pederi. Ili bi *trebalo* to da budu. To sam htela da stavim do znanja princezi Margaret, kad sam joj rekla da je bez veze što ne voli pešovane, jer će zbog toga imati veoma usamljenu starost. Pešovani su jedini ljudi koji su ljubazni prema prostodušnim staricama; i, ja ih obožavam, oduvek sam ih obožavala, ali zaista neću da postanem celodnevna ljubavnica nekog peška-kriminalca, nisam *spremna* za to; radije bih bila lezbos.

„Ne, Džounsi, to nikada nije bio deo mog repertoara, ali mogu da prepoznam čari poneke žene mojih godina, neke koja ne može da trpi usamljenost, kojoj je potrebna uteha i divljenje okoline: neke lezbejke vešto barataju varjačom. Nema ničega prijatnijeg ili bezbednijeg od zakonitog gnezdašca. Sećam se, u Santa Feu sam videla Anitu Honsbin. Kako sam joj samo zavidela. Dobro, Aniti sam uvek zavidela. Bila je apsolvent kad sam ja bila brucoš. Mislim da su svi bili zatelebani u Anitu. Nije bila lepa, nije čak bila ni lepuškasta, ali bila je tako bistra i hladnokrvna i *čista* – njena kosa, njena koža, uvek je izgledala kao prvo jutro na Zemlji. Da nije imala sav taj šarm, i da joj se ta njena navalentna južnjačka majka skinula s vrata, mislim da bi se udala za nekog arheologa i provela čitav život iskopavajući urne Anadolije. A zašto je onda istorija ekshumatora Anite toliko bedna? – pet muževa i jedno retardirano dete, stalne nedaće, sve dok nije doživela stotine i stotine nervnih slomova i dok nije spala na nekih devedeset funti, pa ju je doktor poslao u Santa Fe. Znaš li da je Santa Fe lezboska prestonica Sjedinjenih Država? Ono što je San Francisko za *les garçons*, to je Santa Fe za Bilitisine Kćeri[1]. Pretpo-

---

[1] Bilitisine kćeri – ime prve značajnije američke organizacije lezbijki, osnovane u 1955, u San Francisku i nazvane po *Bilitisinim pesmama*, safičkim ljubavnim pesmama francuskog književnika Pjera Luisa (1870–1925). – (Prim. prev.)

stavljam da je to zbog toga što one malo grublje vole da na sebe navlače kožu i teksas. Tamo živi jedno ukusno žensko parče, Megan O' Migan, Anita ju je upoznala, i, bejbi, to je bilo *to*. Dobar par majčinskih sisa koje možeš sisati, to je sve što joj je ikada bilo potrebno. Sad ona i Megan žive u nekom nedokučivom kućerku, na obronku planine, a Anitine oči skoro da... imaju svu onu vedrinu koju su imale kad smo zajedno išle u školu. O, sve to je pomalo otrcano – logorske vatrice od borovine, indijanske fetiš lutke, indijanski ćilimi, i dve dame u kuhinji koje se zamajavaju pravljenjem tortilja i 'savršenih' Margarita. Bez obzira, reci ti šta hoćeš, ali to je jedan od najugodnijih domova u kojima sam bila. Anita je baš imala sreće!"

Ona se iznenada pridiže, delfin koji lomi površinu mora, gurnu sto (prevrnuvši čašu šampanjca), zgrabi svoju tašnu, reče: „Odmah se vraćam", i zatetura se prema vratima sa ogledalom iza kojih se nalazio ženski toalet.

Sveštenik i ubica su još uvek šaputali i pijuckali za svojim stolom, ostatak restorana se ispraznio, a gospodin Soule se bio povukao. Ostali su još samo grbava devojka na garderobi i nekoliko konobara koji su nestrpljivo pipkali salvete. Šefovi sala su postavljali stolove i aranžirali cveće za večernje posetioce. Bila je to atmosfera luksuzne iscrpljenosti, ličila je na neku ocvalu ružu kojoj već otpadaju latice, a sve što me je čekalo napolju bilo je falično njujorško popodne.

# (NE)PRONALAŽENJE IZGUBLJENOG VREMENA

Premda je svojim prvim pričama pratio trag južnjačke „gotske" proze, Truman Kapot, bez sumnje, ostaje izvan prepleta glavnih generacijsko-poetičkih struja američke književnosti druge polovine dvadesetog veka. Magija njegove naracije je u stilu, u glatkoj, toploj, istančanoj, još od rane mladosti perväženoj rečeničnoj kadenci koja, odelotvorena u jeziku kao unutrašnja emanacija sadržaja, opasuje čitavo njegovo književno stvaranje, počev od klasično struktuiranih fikcija u kojima promišlja totalitet tajne odrastanja (*Drugi glasovi, drugi prostori*, 1948; *Travnata harfa*, 1951), uranja u svet detinjstva (*Božićna uspomena*, 1956; *Posetilac*, 1968), i u krhku psihu ljudi na dekadentnim marginama betonske džungle (*Kuća od sveća*, 1954; *Doručak kod Tifanija*, 1958), preko novinskih reportaža i putopisa koji su žurnalistiku podigli na pijedestal samostalne umetničke forme (*Lokalni kolorit*, 1950; *Osluškivanje muza*, 1956; *Opservacije*, 1959), pa sve do remek-dela *Hladnokrvno* (1966), gde je simbiozom reporterske strategije prikupljanja sižejne građe i romaneskonog pisma stvoren novi žanr – *non fiction* roman. „Za mene", veli Truman Kapot, „najveće zadovoljstvo pisanja nije u temi, već u unutrašnjoj muzici koju prave reči. Pisanje ima zakone perspektive, svetlosti i senke, baš kao što ih ima i slikarstvo, ili muzika. Ako ste rođeni sa znanjem o njima, odlično. Ako niste, naučite ih. Onda prearanžirajte ta pravila tako da vam odgovaraju."

Fokusiranje na tipologiju romana *Hladnokrvno* obavezuje nas da ovo autopoetičko razmišljanje sagledamo u svetlu konstatacije da „moderna forma fantastike jeste erudicija", tj. da današnji pisac, umesto proizvoljnog izmišljanja, može, ne izgubivši oreol tvorca fikcije, posegnuti za dokumentom kao fabulom u koju čitalac ne može posumnjati. Na kraju krajeva, šta u našoj retribalizovanoj, (post)apokaliptičnoj, postistorijskoj civilizaciji globalnog sela može biti sočnija, suštastvenija, i za književnu obradu podatnija građa od informacija kojima nas neprestano zasipaju mas-mediji? Prepoznavši u novinskom članku o brutalnom ubistvu jedne kanzaške porodice iskru za nastajanje svog budućeg dela, Kapot je utrošio šest godina na rekonstrukciju i studiju ovog zločina, i na uobličavanje rezultata svojih istraživanja u roman koji je označio prekretnicu u poimanju proznog izraza. („Gledano u celini, žurnalizam je najpotcenjeniji, najmanje istraženi literarni medij... Zbog toga što se prvoklasni kreativni pisci nikada nisu bavili novinarstvom, osim kao sporednom aktivnošću, kao 'tezgom' kojoj se treba okrenuti u trenucima pomanjkanja kreativnog duha, ili onda kad se može na brzinu zaraditi novac. Takvi pisci, u stvari, kažu: zašto bismo se bavili faktografijom kad smo u stanju da izmislimo svoje sopstvene priče, da iskujemo sopstvene karaktere i teme? – novinarstvo je tek puka literarna fotografija, ono ne priliči dignitetu ozbiljnog pisca.

„Još jedna zastrašujuća sila – i to ne najmanja – jeste okolnost da reporter, za razliku od autora koji izmišlja, mora da se bavi stvarnim ljudima koji imaju svoja imena i prezimena. Ukoliko se osete oklevetanima, ili ih, pak, ponese pohlepa, oni pune advokatske (retko svoje džepove) pokrećući pravne tužbe. Ovaj potonji faktor svakako valja imati u vidu, on je najopresivniji i najrepresivniji. Jer, zaista je teško portretisati, sa značajnijom dubinom, neku drugu osobu, njen izgled, govor, mentalitet, a pri tom je nimalo ne uvrediti, i to obično nekom beznačajnom pojedinošću. Stvar je, reklo bi se, u tome što niko ne voli da vidi sebe opisanog onako kakav zaista jeste, niti želi da svoje reči i dela vidi tačno izložene. Pa, to čak i ja mogu da razumem – jer ni sam ne volim da budem model, a ne portretista; krhkost ega! – što su tačniji udarci, to je veća ozleđenost.

„Kad sam prvi put formulisao svoju teoriju *non-fiction* romana, mnogi ljudi s kojima sam se konsultovao bili su joj neskloni. Smatrali su da je ono što sam predlagao, narativna forma koja bi u sebi sadržala sve tehnike fikcije, ali koja bi ipak bila bezgrešno činjenična, bila ništa drugo do literarna solucija za malaksale romanopisce koji pate od 'nedostatka imaginacije'. Ja lično smatram da takav stav predstavlja njihov 'nedostatak imaginacije'.)

U svom privatnom životu Kapot je držao do stila u istoj onoj meri u kojoj je to činio u svojoj prozi. On se, zapravo, kako je njegova profesionalna reputacija rasla, sve više upinjao da pokaže kako, izuzimajući duge časove nagnutosti nad pisaćim stolom, i nema nikakav privatan život. Bio je *enfant terrible* njujorškog džet seta, deklarisani homoseksualac koji se, elegantno odeven, muva po otmenim restoranima, klubovima i žurkama, provocirajući javnost svojim sarkastičnim tiradama i sablažnjivim ponašanjem. Putovao je po svetu sa članovima kraljevskih porodica, družio se sa holivudskim divama, ali i sa ljudima iz najnižih društvenih slojeva. Svoju sposobnost „mentalnog snimanja" dugačkih konverzacija (nikad nije koristio diktafon, niti je hvatao beleške na licu mesta), fizionomije i gestikulacije sabesednika do savršenstva je razvio radeći na knjizi *Osluškivanje muza*, reportaži o turneji Geršvinove opere *Porgi i Bes* po Rusiji (ovo je bila prva kulturna razmena Sjedinjenih Država i Sovjetskog Saveza).

„Poznajem sve i svakog i bio sam svuda", govorio je, i kao ilustraciju te tvrdnje ponosno ponavljao kako je on jedini čovek na svetu koji se lično, *tête-à-tête*, susreo sa predsednikom Džonom Ficdžeraldom Kenedijem, s njegovim bratom Robertom, a i sa njihovim ubicama Li Harvijem Osvaldom i Sirhanom Sirhanom (i to pre nego što su se atentati dogodili).

Svoje intervjue tek kasnije je prenosio na papir. Neki od ovih „konverzacionih portreta", ranije objavljivanih po časopisima, nalaze se u trećem delu njegove knjige *Muzika za kameleone,* gde zatičemo najraznovrsniji mogući spektar portretisanih poznanika, od spremačice stanova, preko zatvorenika osuđenog na smrt zbog ubistva i povezanog sa zloglasnim klanom Čarlsa Mensona, pa sve do Merilin Monro.

Roman *Hladnokrvno* postao je instant-bestseler, inaugurišući svog autora u milionera i svetskog super-stara. Kada je 1925. doživeo veliki uspeh romanom *Veliki Getsbi* Frensis Skot Ficdžerald je palio cigarete novčanicama od jednog dolara, ali su ti njegovi hirovi delovali kao skromna dečja igra u poređenju sa glamuroznim samoreklamerskim predstavama koje je Kapot priređivao na svakom koraku. Izležavao se na jahtama koje krstare egzotičnim morima, smešio se sa naslovnih strana tabloida, neprestano se pojavljivao u televizijskim *talk-show* emisijama, omalovažavajući kolege i unapred hvaleći svoju novu knjigu *Uslišene molitve* koja će, slavodobitno je ponavljao, biti savremeni ekvivalent Prustove *Potrage za izgubljenim vremenom.* Kulminacija je bio legendarni „Crno-beli bal" koji je Kapot krajem novembra 1966. napravio u njujorškom hotelu „Plaza" i s kojim se, po svom medijskom odjeku, mogao meriti samo istočno-zapadni samit održan u isto vreme.

Međutim, godine su prolazile, a novo, bombastično najavljivano i grozničavo iščekivano remek-delo nikako se nije pojavljivalo. U međuvremenu su objavljena tek dva kratka romana napisana još tokom četrdesetih i pedesetih, a 1973. je izašla kolekcija *Psi laju.*

Konačno, tokom 1975. i 1976, u magazinu „Eskvajr", objavljena su četiri dovršena poglavlja romana koja su izazvala neviđeni skandal u džet-set krugu koji je Kapot opisao iz vizure svog tamnog dvojnika koji se, pišući roman o tome kako piše roman, u izviranju prepleta afektivnih uspomena, tragajući za izgubljenim vremenom i (ne) pronalazeći ga, smuca od slivnika do *high-society* stratosfere. Prepoznavši sebe u transparentno, *à clef* transponovanim likovima, pročitavši potanko opisane scene iz svog privatnog života, kompromitujuće detalje dobro čuvane od javnosti, mnoge veoma bogate, veoma slavne i moćne ličnosti gnevno okreću leđa svom dojučerašnjem miljeniku i prijatelju koji je izigrao njihovo poverenje. On se branio konstatacijom da su svi ti članovi otmenih serklova, pozivajući ga na svoje zabave, vrlo dobro znali da je on novinar i da slobodno može sve što vidi oko sebe koristiti kao sižejnu građu. Kapot je jednostavno bio autor čija dela imaju ogromnog odjeka, a ovog puta njegova oštra, „ogovaračka" narativna žaoka podbola je sam vrh establišmenta, tako da čitava stvar nije mogla da prođe bez incidenta.

Napušten od svih, uhvaćen u ralje alkohola i droge, Kapot umire 1984. u Los Anđelesu, ne dovršivši *Uslišene molitve*.

„Estetika koja se u perspektivi ne kreće ka istini, malaksava u svom zadatku", kaže Teodor Adorno. Sudeći po ovom kriterijumu, vitalnost Kapotove estetike nijednog trenutka ne može biti dovedena u pitanje.

*Vlada Lazarević*

# SADRŽAJ

Neiskvarena čudovišta .......................... 7
Kejt Meklaud ................................ 93
La coté basque ............................... 127
*(Ne)pronalaženje izgubljenog vremena* .............. 165

Izdavačko preduzeće
RAD
Beograd, Dečanska 12

\*

Glavni urednik
NOVICA TADIĆ

\*

Grafički urednik
MILAN MILETIĆ

\*

Lektura i korektura
MILADIN ĆULAFIĆ

\*

Nacrt za korice
JANKO KRAJŠEK

Digitalizacija slova i korice
DARKO STANIČIĆ

\*

Za izdavača
SIMON SIMONOVIĆ

\*

Štampa
Elvod-print, Lazarevac

---

CIP – Каталогизација у публикацији
Народна библиотека Србије, Београд

820 (73)-31

КЕПОУТ, Труман

    Uslišene molitve : nedovršeni roman / Truman Kapot ; [s engleskog preveo Vlada Lazarević]. – Beograd : Rad, 2001 (Lazarevac : Elvod-print – 171 str. ; 21 cm. – (Reč i misao ; knj. 524)

Prevod dela : Answered Prayers / Truman Capote. – Tiraž 1000. – Str. 165-16 (Ne)pronalaženje izgubljenog vremena / Vlada Lazarević.

ISBN 86-09-00751-0

COBISS-ID 94340364

www.ingramcontent.com/pod-product-compliance
Lightning Source LLC
Chambersburg PA
CBHW071715090426
42738CB00009B/1779

*9 7 8 8 6 0 9 0 0 7 5 1 4 *